地球も水も生命も
全ては
【ソマチッドの塊《かたまり》】
なのか!?

甲斐さおり
勢能幸太郎

ヒカルランド

大分県別府市にある杜の湯リゾートの青湯を、暗視野顕微鏡にて観測した画像。画面いっぱいにソマチッドが現れていて、まるで宇宙空間に輝く星々のように美しい画像を撮影することができました。

《本書の楽しみ方》

（1）各 QR コードからリンク先に移動して動画をご覧ください。動くソマチッドの姿を見ることができます。

（2）本文中にも QR コードを挿入してありますので、書籍を読みながら動画をご覧いただくこともできます。

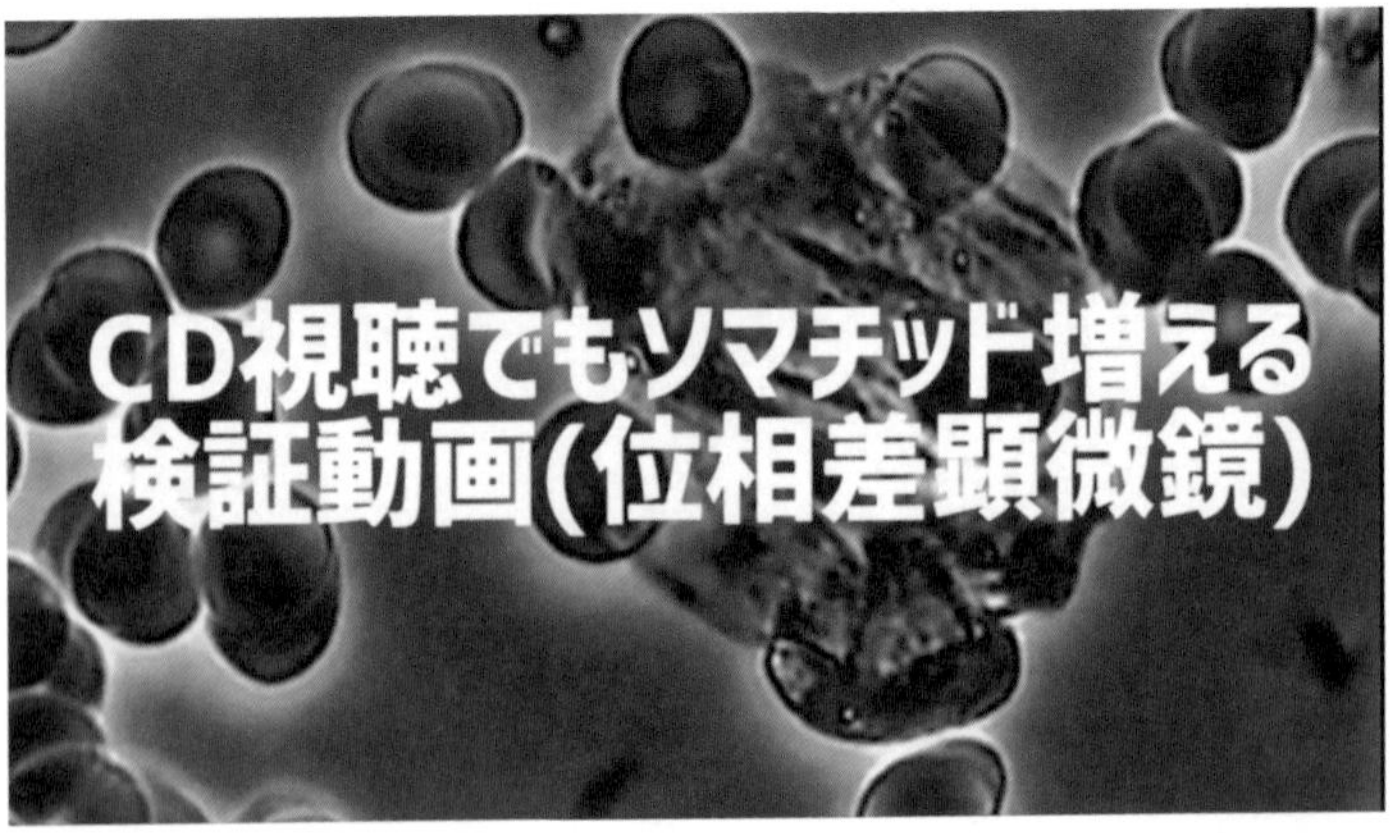
CD視聴でもソマチッド増える
検証動画(位相差顕微鏡)

P037
https://vimeo.com/777273997/e850b774cd

P037
https://vimeo.com/780018546/7670361f39

P053
https://vimeo.com/776142181/f9724e0af9

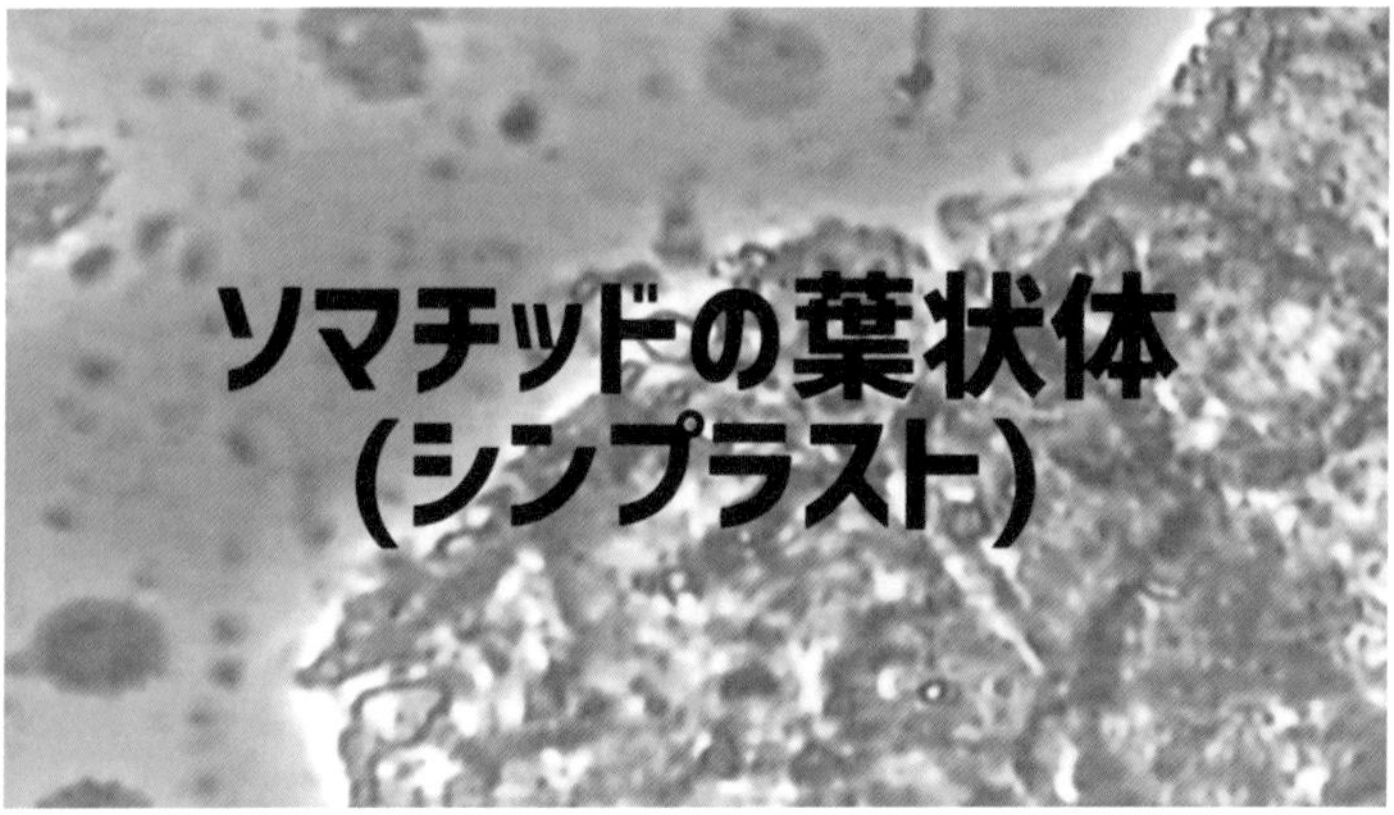

P089
https://vimeo.com/787076040/48d16ee21f

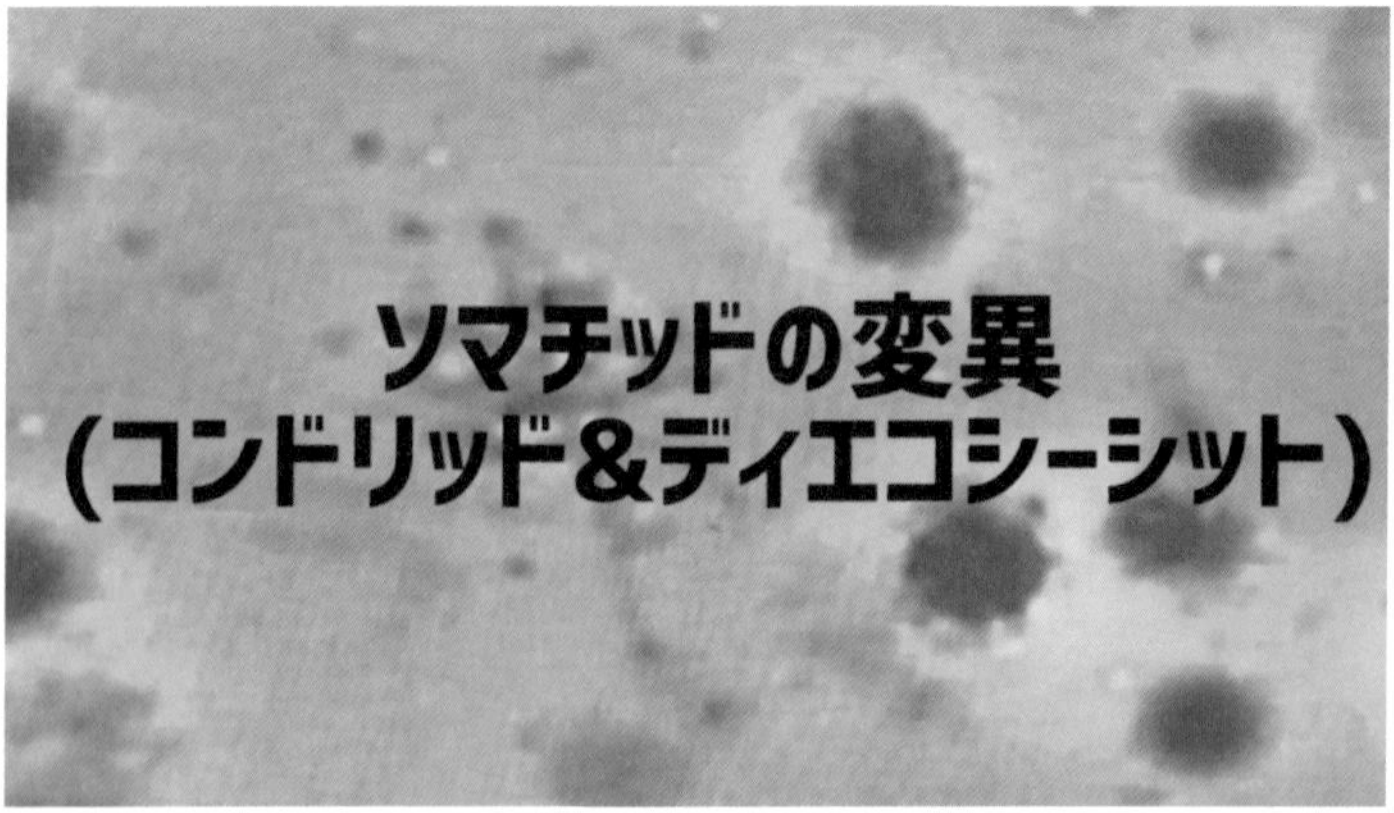

P090
https://vimeo.com/776142592/0eaca2f07f

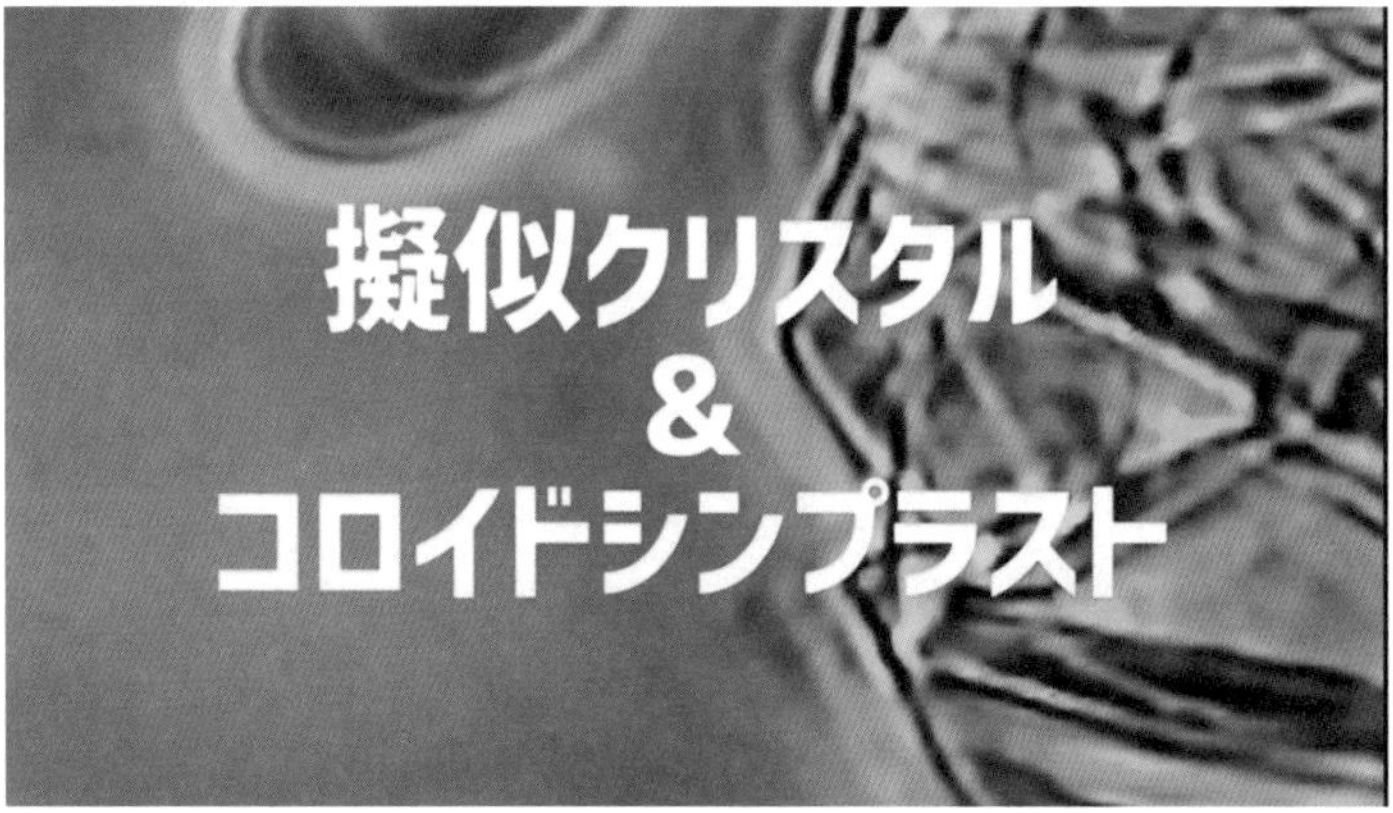

P094
https://vimeo.com/776923750/b81c44ddcd

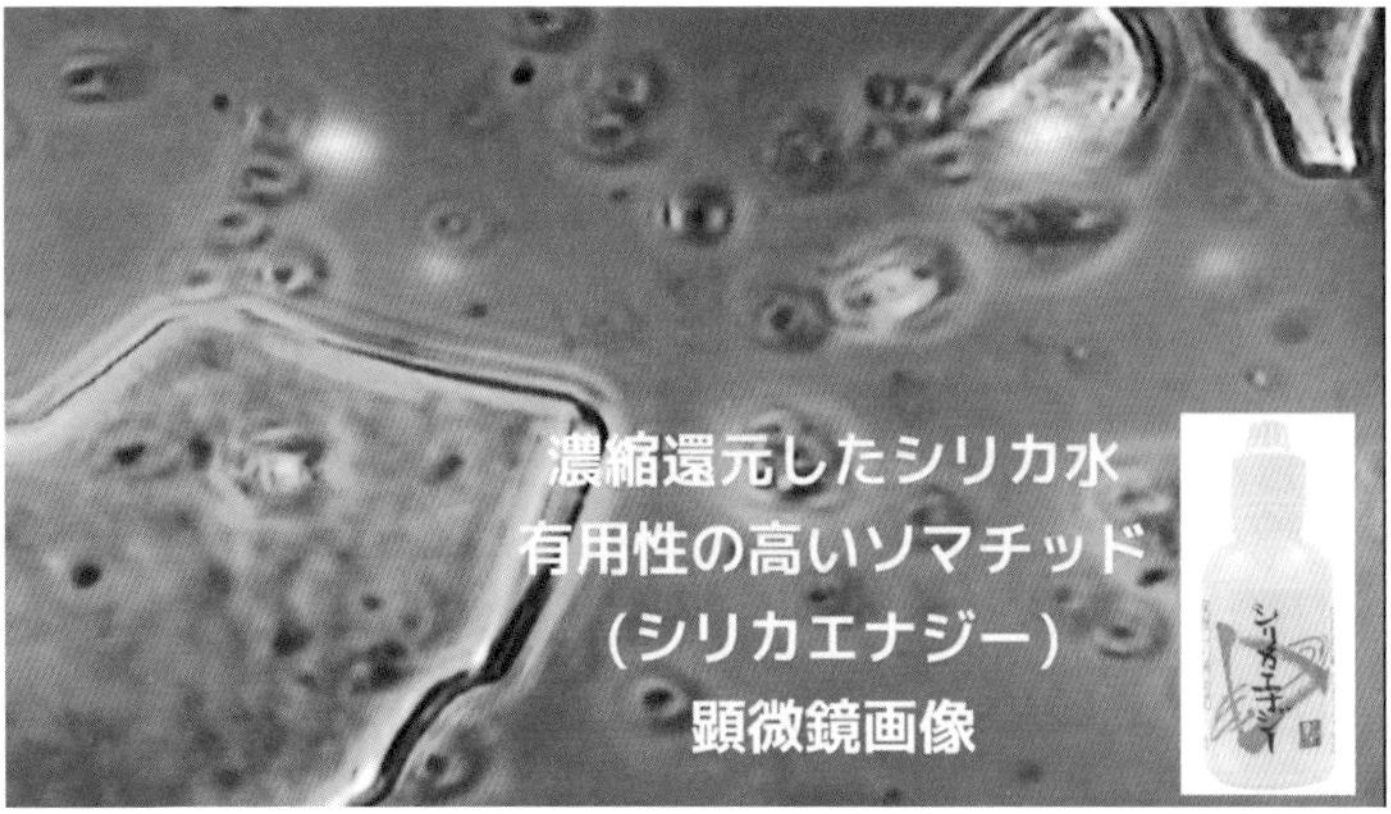

P139
https://vimeo.com/751156031/2dd5da0a4c

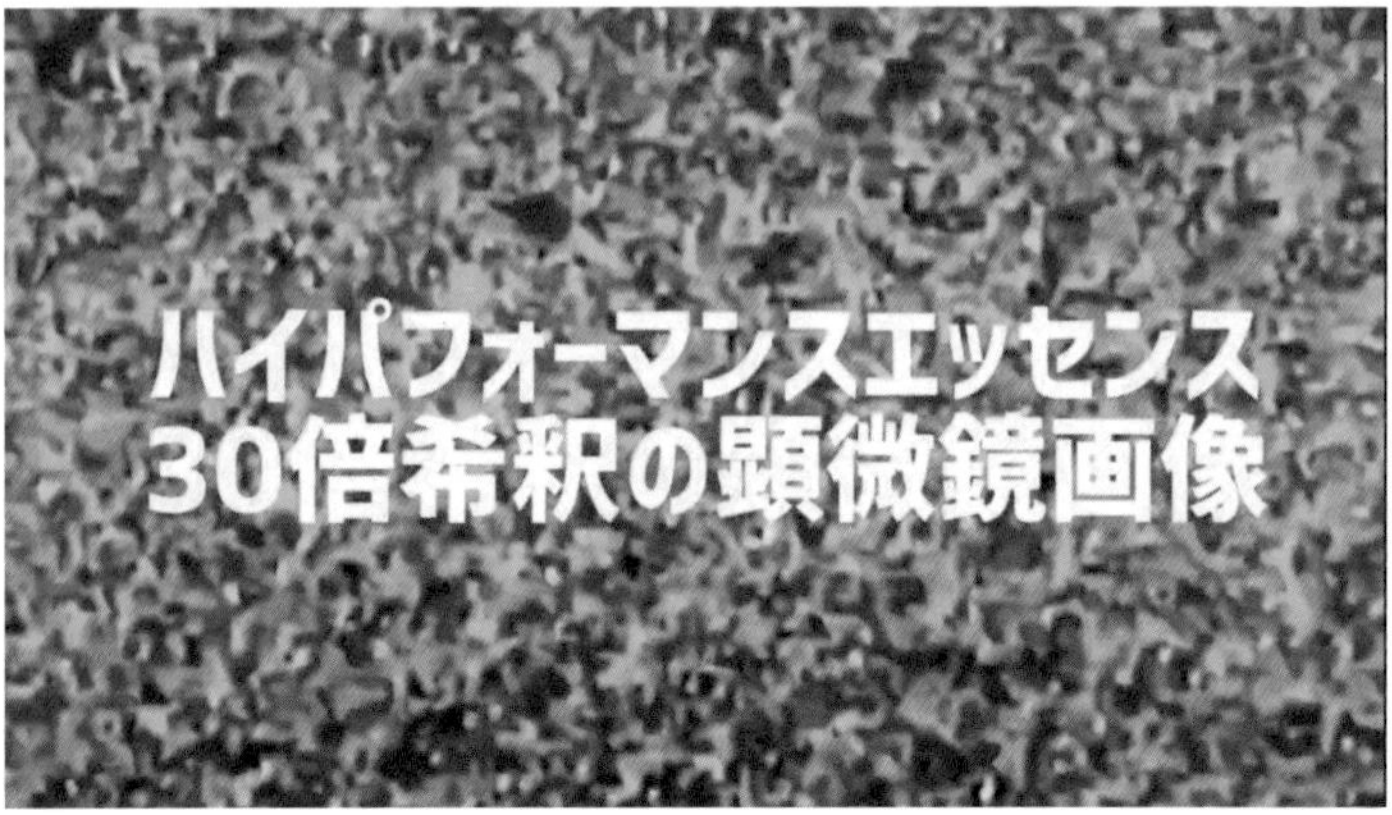

P142
https://vimeo.com/776124295/396b29f9fc

P184
https://vimeo.com/776142446/7350021ebe

P215
https://vimeo.com/777274191/4a57c14e16

P217
https://vimeo.com/708477469/67bc2fb3d2

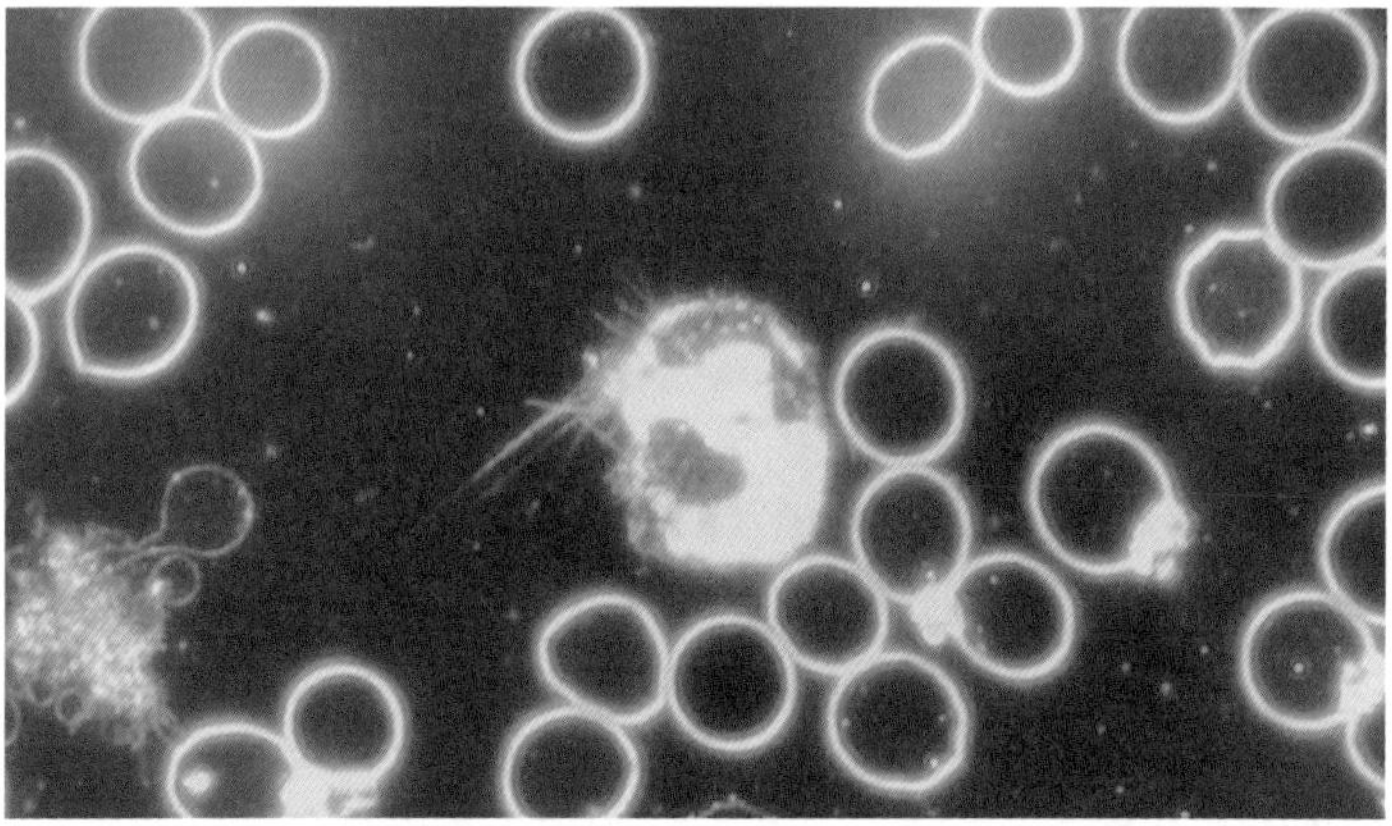

暗視野顕微鏡にて血液を観測した画像。真ん中に見えるのが免疫細胞です。顆粒球の一種「好中球」が活発にトゲ状の触手のような線を左側に伸ばし、活動している様子が観測できました。まわりの丸が赤血球で、さらにそのまわりに無数に見える小さな点が、ソマチッドやプロティットと言われているコロイド粒子です。左下には血小板が連なり、その周辺にはミーシットやシーシット、またはアーシット、シナシットと言われる形状の固まりが見えています。このような形状のものをバクテリア性の変異体としてシーシットシンプラストと言います。一つの画像に複数の貴重な検体を観測できた珍しい一枚です。

目次

Chapter 3
がんの部位では、ソマチッドが葉状化、繊維化して転移しないよう閉じ込めている⁉

Chapter 4

新型コロナをソマチッドの視点で深掘りするとこうなる！

Chapter 5

ソマチッドは最先端テクノロジーの進化を猛烈に促す！

Chapter 8
ソマチッドは愛そのものであり、たくさんいる人の波動は高い!!

特別鼎談

本書は2022年6月15日（水）東京神楽坂にある
イッテル珈琲にて行われたZOOM対談を
大幅に加筆、修正したものです。

カバーデザイン　櫻井浩（⑥Design）
編集協力　宮田速記
本文仮名書体　文麗仮名（キャップス）

Chapter 1

ソマチッドとエネルギーの物質化について

ソマチッドとは何か

勢能幸太郎　まだ謎《なぞ》に包まれた部分が多いソマチッドですけれども、私たちの研究だったり、日常生活でいろんな方と触れ合ったり、いろんなワークを通じて感じたことだったり、学んできたことだったり、そういったものを一緒に語れたらと思いますので、どうぞよろしくお願いいたします。

甲斐さおり　よろしくお願いします。

勢能　まず、ソマチッドとは何かみたいなところを話していけたらと思うのですが、簡単にソマチッドと表現すると、甲斐先生的にはどんな表現になりますか。

甲斐　一般的に言われているように、エネルギーの物質化したものの最小体とか、生命体としての最小体とか、全ての物質に存在しているとか、常温原子転換がソマチッドがあるとできるとか、そんなふうに説明している気がし

勢能

ソマチッドが宿る空間があって、そこの空間に何があるかと認識したときに、光のエネルギーなんじゃないかと思っているんです。

今、ソマチッドと自分がコンタクトしているんですが、コンタクトできるときは、光が集まってくるんですよ。

霧状の小さい粒みたいなものが集まってきて、それがソマチッドの正体じゃないかと最近感じているんです。

ます。

勢能 私は、ソマチッドに関していろいろ分析していった中で、空間があるんじゃないかと思っているんですね。ソマチッドが宿る空間があって、その空間に何があるかと認識したときに、光のエネルギーなんじゃないかと思っているんです。

ヒカルランドさんで本として私たちの思いが出版できるということで、ソマチッドの解釈はいろいろあると思うのですが、感じたものを感じたままに、オブラートに包まず、霊的な部分や宗教的なものも全てひっくるめてお話ししたいなと思っています。

私は、今、甲斐先生がおっしゃったエネルギーって、光なんじゃないかと思っているんです。何でそこに行き着いたかというと、私は最近、ソマチッドとコンタクトをとるようにしているんですね。

最初、息子がとれるようになって、そのやり方を私が教わって、今、ソマチッドと自分がコンタクトしているんですが、コンタクトできるときは、光が集まってくるんですよ。

霧状の小さい粒みたいなものが集まってきて、それがソマチッドの正体じゃないかと最近感じているんです。

ソマチッド自身に聞いてみても、そうだと言うんですね。

あらゆる物質の中に存在していると今、甲斐先生はおっしゃいましたけど、甲斐先生は以前、ソマチッドと珪素《けいそ》についてのお話を結構されていました。

ソマチッド自体が、珪素とかリンに特に多く充填されるというか、入りやすい。

珪素のミネラルを抽出するときに、たくさんソマチッドが出てくるじゃないですか。そのもとになっているのは光のエネルギーじゃないかというところに最近行き着いているんですが、甲斐先生は、そのあたり、どうですか。

甲斐　私が最初にソマチッドに入ったのが、BJ先生（仮）の話からでした。先生の話では、ソマチッドは光のエネルギーで活性化するんだけど、人を殺すこともできるみたいな、悪く使うと悪くも働くと教わっていたので。

甲斐

自然の音というのは実は不協和音はなくて、倍音が長調になっている。短調の和音は自然界を奏でてないから、本当はプラスのことしか自然界にはないとも言えるなと思いました。陰陽があるようでいて、実は宇宙には陽しかないのかなと、確かに光のエネルギーは陽しかないとも言えるかもしれないですね。

使用する人によっては、その人にとってはいいほうに作用したり、悪く作用したりするというのは、そういうところなのかなと思っていたんです。

確かに自然の音というのは実は不協和音はなくて、倍音が長調になっている。

短調の和音は自然界を奏でてないから、本当はプラスのことしか自然界にはないとも言えるなと思いました。

宇宙も、例えばアインシュタインが最強のエネルギーは愛のエネルギーだと言ったというのも、それと一緒だなと思ったんです。

陰陽があるようでいて、実は宇宙には陽しかないのかなと、今、話を聞いて思いました。

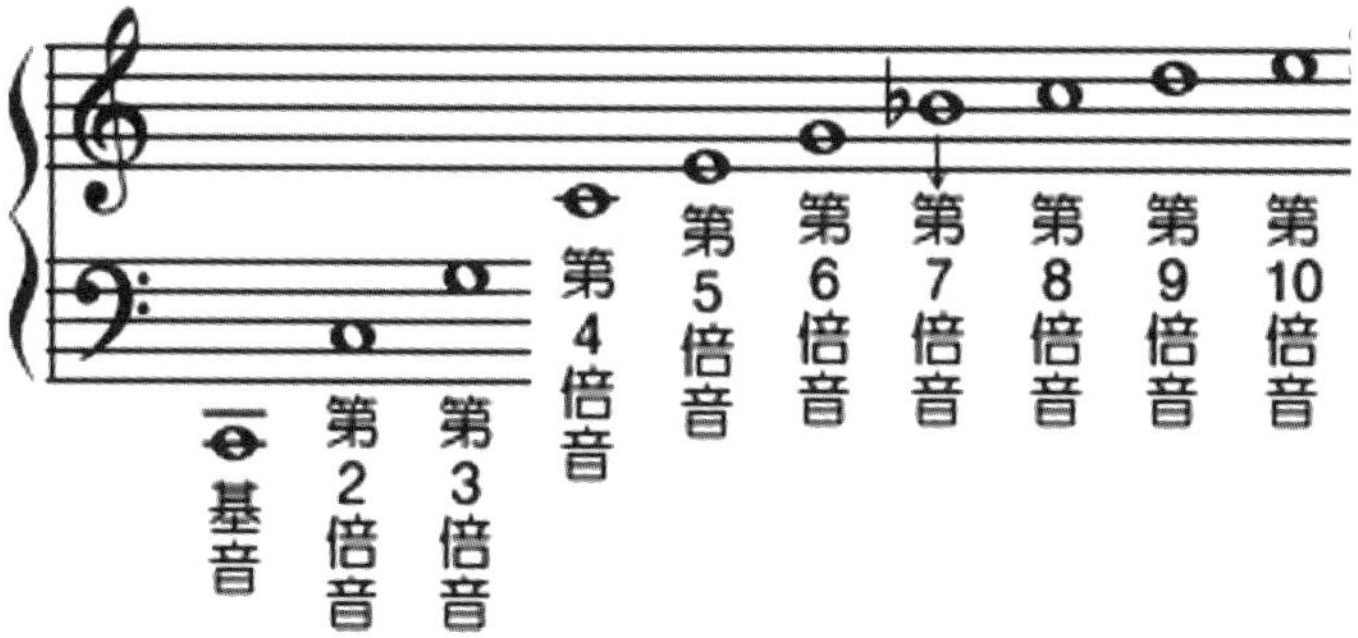

長調に聞こえる倍音

ソマチッドは、私は陰陽どっちのエネルギーもあると思っていたけど、確かに光のエネルギーは陽しかないとも言えるかもしれないですね。

勢能　光のエネルギーも、コントラストがあって、私は光と表現させていただきましたが、闇にもなるというか、光があるということは闇もあります。光の陰には闇が存在するのと同じで、そういった性質を持ってしまうソマチッドもあると私は認識しています。

こういう話をすると、オカルティックな方向に進んでいっちゃうと思うんですが、私は子どものときから、霊かどうかわからないですが、得体の知れないものをよく目撃するんですね。

霊現象と言われる現象を見ていても思うんですけれども、私がソマチッドと対話したときに、バーッと体の中にソマチッドが入ってきて、「あなたを選びましたよ」と言ってくださったことがあったんですが、そのときは小さい光の粒だったんですね。

すごく愛に溢《あふ》れていて、愛のエネルギーを感じたんです。

勢能

私がソマチッドと対話したときに、バーッと体の中にソマチッドが入ってきて、「あなたを選びましたよ」と言ってくださったことがあったんですが、そのときは小さい光の粒だったんですね。

すごく愛に溢れていて、愛のエネルギーを感じたんです。

小学校1年生か2年生くらいのときですけれども、全く逆の経験をしていまして、インフルエンザになったときに、うなされていたんですよ。

そのときには黒いもやみたいな、黒い微粒子がバーッと体に入ってきて、自分はそれを外に出そうと一生懸命頑張るんですけど、それが体に入っちゃった記憶があります。

なので、どちら側のものも存在していると感じます。

光だけじゃなく、闇のほうの小さい微粒子も存在していると私は感じました。

甲斐　どんなに闇があっても、全部光にしちゃったら闇が消えるというイメージがあって、だから光が最強のエネルギーで、それが愛なんだと思っているんです。

確かにそれがソマチッドのエネルギーとも言えると思います。

勢能　根源ですね、もとになっているもの。

それはどこからあらわれているのかといったら、多分そのあたりに満ちあふれているんだと思うんです。お水だったり、空気みたいに。

ただ、私たちが認識して感じ取る感覚が、ある人もいれば、ない人もいる。

昔の人たちがプラーナと言ったり、いろんな呼び名があるんですけれども、
光の光子というか粒みたいなものが空間に満ちている。

だけど、目ではなかなか認識することができない。

しかし、自分がそういう変性意識状態になったときに、そこにピントが合って、それで認識することができているんじゃないかなと思っています。

すごい愛に溢れたエネルギーでしたね。

ソマチッドってすごく特別で、すごく希少性が高いというところもあると思うんですけど、実は空間にたくさん満ちあふれているんじゃないかなと思っています。

甲斐　そうですね。それは感じました。

勢能　いろんなものに宿りますからね。

何でソマチッドとなったか

勢能 ソマチッドというのは、まず発見した方がいます。

発見したというより、名付け親と言ったほうがいいのかなと思うのですが、第2次世界大戦後、間もなく、ガストン・ネサンという方が、150オングストロームというすごい解像度で見ることができる顕微鏡ソマトスコープをご自身でつくられまして、生体内、特に血液の観察をしている中で、小さい微粒子がうごめいているのを発見しました。

今まではそれは血液中のプラーク、ちりだと言われていたんですけれども、ガストン・ネサン先生が観察していく過程の中で、どうやら意思を持って活動している生命体なのではないかと思い、研究をし始めて、それをソーマ（生命）とタイド（かけらとか粒）という2つの言葉を合わせて「ソマチッド」と呼び始めたのが、ソマチッドの始まりです。

勢能

今まではそれは血液中のプラーク、ちりだと言われていたんですけれども、ガストン・ネサン先生が観察していく過程の中で、どうやら意思を持って活動している生命体なのではないかと思い、研究をし始めて、それをソーマ（生命）とタイド（かけらとか粒）という２つの言葉を合わせて「ソマチッド」と呼び始めたのが、ソマチッドの始まりです。

ほかにも多くの研究者の方が、その小さい微粒子のことを研究されていました。

代表例で言うと、アントワーヌ・ベシャン博士は、マイクロザイマスと言ったり、ミクロジーマと表現されているんですね。

あと、ギュンター・エンダーレイン博士は、プロチットという表現をされていたり、実は多くの方が研究されていました。

日本でも、牛山篤夫博士や千島喜久男先生が、小さいコロイド粒子の生体内での働きを観測されていまして、「ソマチッド」とは言っていないのですけれども、同じものを観測していたと思われます。

今なぜ「ソマチッド」という言葉が共通認識になっているかといいますと、ガストン・ネサン先生の功績があまりにも大きくて影響力がありましたので、小さい微粒子のことを「ソマチッド」として皆さんが認識しつつあるのです。

ガストン・ネサン先生は、ソマチッドを正常化することさえできれば、あらゆる病気を治癒できるのではないかという仮説のもとに、714Xと言われる、クスノキの樹液、要するにカンフル剤、カンファーを用いた製剤をつくりまして、その製剤を右そけい部に注射で投与することによって、生体内のソマチッドの働きを正常化させて、病気を治癒させるという治療法を考案されました。

その治療法を、エイズの患者さんが数十名、がん患者さんが数千名と書籍では書かれているのですけれども、治療を行ったところ、80％以上の方が完全治癒されたという功績を上げられました。

しかし、その後、フランスの医師会、あとはカナダの医師会に、その治療法が間違った治療法ではないか、詐欺《さぎ》ではないかという疑いをかけられてしまって、ガストン・ネサン先生は投獄されてしまいました。

投獄された際に、多くの方たち、命を救われた方たちだったり、実際に治療を受けた方たちが、ガストン・ネサン先生を守る会という形で証言台に立ち、あらゆる証拠、あらゆるエビデンスを裁判所で証言することによって、ガストン・ネサン先生は無罪になって釈放されたというエピソードがあります。

そのエピソードが、クリストファー・バードさんの『ガストン・ネサンのソマチッド新生物学　完全なる治癒』という書籍として、日本でも出版されました。

日本だけではなく、あらゆる言語に翻訳されて、多くの国でこの書籍が出版されて、ガストン・ネサン先生がソマチッドを正常化させて、多くの病気を治したという功績が認識されるようになりました。

今までは、血中にある小さい異物がブラウン運動をしているだけだと言われて、プラークと認識されていたものが、生物なのではないかという研究が多くされて、その存在に名前をつけたガストン・ネサン先生のソマチッドというものが多くの方に認識され始めたので、その現象のことをソマチッドと言うようになった。

それが、今ソマチッドとして認識されているものの経緯です。簡単にまとめると、そういうことです。

ソマチッドとテレパシー交信したら!?

甲斐　血液の中にソマチッドがいっぱい見える人は、自然の中にあるソマチッドとすごく共振共鳴できるから、相手の気持ちがよくわかったり、植物の心がわかったりする。

今までの経験上、そうだなと思うことがあります。

それを、私は今、ソマチッド通信と呼んでいるんですけど、ソマチッドが体の状態を教えてくれる。

そこからきっと、人間ってテレパシーができるように発展していくか、もしくは昔の人はもともとそれができていたけど、現代人にその能力がなくなったか、どっちかだと思うんです。

昔の人は、自然界との交信が、ひょっとしたらできていたかもしれないで

甲斐

血液の中にソマチッドがいっぱい見える人は、自然の中にあるソマチッドとすごく共振共鳴できるから、相手の気持ちがよくわかったり、植物の心がわかったりする。

それを、私は今、ソマチッド通信と呼んでいるんですけど、ソマチッドが体の状態を教えてくれる。

すね。

勢能　私が息子から教わって、そういったことができるようになったのも、人間がもともと持っている感覚があって、それは大人になるにつれてだんだん使わなくなっていって、忘れていたんですけど、息子はまだそれを持ち合わせていて、私がソマチッドの話ばかりするものだから、ソマチッドって何だろうと、当時5歳だったんですけど、息子なりに考えた。

「ソマチッド大王と交信ができるようになったよ」と言って、ソマチッドの大もとのエネルギーがあって、それが私たちの体にもあって、あらゆるところにもたくさんあるというような話をしてきたんですね。

息子からそれを授けてもらったときから、交信が結構できるようになってきました。

私は、それが開花して間もないので、そこまで使いこなせてないですけれども、多分もっともっと上達していったら、甲斐先生がおっしゃるように、以心伝心だったりとか、そういったところも可能になってくるんじゃないか

勢能

私がソマチッドの話ばかりするものだから、ソマチッドって何だろうと、当時５歳だったんですけど、息子なりに考えた。

「ソマチッド大王と交信ができるようになったよ」と言って、ソマチッドの大もとのエネルギーがあって、それが私たちの体にもあって、あらゆるところにもたくさんあるというような話をしてきたんですね。

なと思っています。

私が何よりすごく感じたことは、私はちょっと精神を病んでしまった時期がありまして、二十代前半なんですけれども、とても息苦しくてつらかった。それがきれいさっぱり治っちゃった経験があるんです。

みんなが楽しんでいて、すごく愛に満ちあふれていて、エキサイティングで、笑顔だったり、いい周波数というか、バイブレーションがバーッと発生しているところにポンと入った。

2カ月半くらい、そういう中に生活の拠点が置かれていたんですね。そしたら、人というのは共振共鳴しているので、きれいさっぱり治っちゃったんです。

体内のソマチッドを観測していて思うんですけど、最近、甲斐先生と一緒にソマチッドフェスタをやっているじゃないですか。あのイベントを見てて思うんですけど、ソマチッドがあまり活性してなかった方も、会に参加されると、皆さん、ソマチッドがすごく活性していて、ふえているように感じられました。

特に人同士はとても共鳴共振しやすいので、いいエネルギーを持った人同士のソマチッドの反応を振動させて、みんなに伝えていくことができたら、どんどん伝わっていくんじゃないかと思っています。

ソマチッドにはその人の本来の姿に戻す作用がある⁉

甲斐　私も、さっきの病気が治った話で、ついでにお話しさせてもらうと、乳がんの手術を先月したんです。

その時、リンパ節を取ったので、右脇がボールを挟んでいるみたいにちょっと腫《は》れていました。

蜂窩織炎《ほうかしきえん》という感染症にもなって、リハビリもしてなかったから、右手が上がらなくなっていたんです。

左脳的に考えると、リハビリしないと手は上がらないはずなんですけど、なぜかカラオケで毎日盛り上がっていたら、手がパッと上がりました。コンサートのときにワーッとなって、病気が治っちゃったというのとすごく似ていたなと思っています。

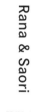

その人の本来の姿に音楽が戻してくれた。音楽が戻したのか、エネルギーの高さが戻したのか、それは人によって違うかもしれないですけど、本来の姿にパッと戻る瞬間があることがわかったのです。

動画 **CD聴取でもソマチッドが増える**

動画 **Rana & Saori**

ガンの患者さんは、交感神経優位の傾向があり、不眠の方が6割。免疫は、副交感神経優位のときや、眠っているときに活性化します。
Rana & Saori（甲斐氏の音楽ユニット）や、オンプちゃんの音楽など、副交感神経優位になるヒーリング音楽は、ソマチッド活性化、免疫活性化にもなっています（興奮しすぎて一度発散が必要な場合もあり、その場合は運動やダンス、カラオケなど楽しく盛り上がってから、クールダウンします）。

参考：Rana 宇宙からのメッセージを歌で届ける、
ボイスサウンドヒーラー
https://soundcloud.com/rana-nilksnow

参考：オンプちゃん（松田祐子）のブログ
https://lit.link/cosmicrana

ソマチッドって、その人の本来の姿に戻すというのがあると思うんです。

その人の青写真をもとに物質をつくっていくという役割があるので、例えばイネが原種に戻っちゃったりというのが、ソマチッドを使うとあると思うんです。

人間も原種に戻っちゃうみたいな、その人の本来の姿に戻す作用があるんだなと、自分の体感でわかった気がしました。

ソマチッドを活性化させる。簡単に言うと、みんながワーッと楽しんで、いい波動でみんなが盛り上がって、幸せが広がっていけば、共振共鳴でみんながソマチッドを活性化する。

それをソマチッドフェスタでやろうとしているということですね。

勢能　自然な精神性、そこでつながっていきたいですね。

甲斐　そうですね。

勢能　だから、不思議な存在ですけれども、観測するのが難しい。

観測できるのは、例えば鉱物だったりミネラルだったりエレメンツだったり素材ですね。

甲斐

ソマチッドって、その人の本来の姿に戻すというのがあると思うんです。その人の青写真をもとに物質をつくっていくという役割があるので、例えばイネが原種に戻っちゃったりというのが、ソマチッドを使うとあると思うんです。

人間も原種に戻っちゃうみたいな、その人の本来の姿に戻す作用があるんだなと、自分の体感でわかった気がしました。

私の認識だと、リンと珪素にとてもいい、有用性の高いソマチッドが宿っている。

ほかにもあらゆる物質の中にソマチッドが宿っていて、反応していますし、人間を構成する要素、例えば必須な栄養素、タンパク質、炭水化物、脂質、あらゆるビタミン、ミネラル、全てにソマチッドが宿っている。

抜け落ちちゃったものもありますね。

山田バウ先生という方がソマチッドについておもしろい記事をブログに書かれていて、それを読ませていただいたときは、リンとおっしゃっていました。

私は最近おもしろい現象を見ました。

歯の根っこの部分の骨が骨粗しょう症みたいにスカスカになっていた方が、ポリリン酸の歯磨き粉で歯を磨いたら治っていたんです。

ぎっしり骨が形成されて、元どおりに再生されたような状態になった。

すごく興味を持って、ポリリン酸の形状をあらわす図を見ました。私はソマチッドの変異を観測していて、ソマチッドの変異の中にも、ポリリン酸みたいにくさび型の数珠《じゅず》みたいになる変異の層があるんです。

山田バウ先生が、燐酸《りんさん》塩基（含水燐酸塩鉱物錯体《さくたい》）とおっしゃっていたんですけれども、その説もあるなと思いました。

参考：山田バウ先生ブログ
http://www.peace2001.org/2006/main/bow/20061208_bow_01.html

甲斐先生は、シリカとソマチッドの関係性をすごく研究されてましたね。

シリカの中にもソマチッドが充填《じゅうてん》されているというか、かなり凝集《ぎょうしゅう》されて残っている、眠っている。その水溶性珪素を水に解き放つと、ソマチッドがたくさん出てくるじゃないですか。

科学的な側面から分析もある程度できるんですけど、ソマチッドを構成

勢能

甲斐先生は、シリカとソマチッドの関係性をすごく研究されてましたね。シリカの中にもソマチッドが充塡されているというか、かなり凝集されて残っている、眠っている。

その水溶性珪素を水に解き放つと、ソマチッドがたくさん出てくるじゃないですか。

する本当の軸の部分は、今のところの科学ではまだ証明できないのではないか。

しかし、認識したり感じられる方たちが今、世の中にたくさんいる。

私だけじゃなく、甲斐先生もそうだし、うちの息子もそうです。

ほかにも、いろいろ出会う方だったり、ブログに書かれて、直接お会いしたことはないけれども、ソマチッドを認識されている方とか、そのエネルギーを認識されている方はすごく多くいるなと思っていまして、存在としてはあるのではないか。それがいつか計測できるようになってくるのではないかと私は思っています。

甲斐　エネルギーが物質化したものと口で言っていたけど実感がなかったところを、ソマチッドが少ししかいない人のスライドグラス上の血液に、京都の吉井史郎さん（陶芸家でマナキ気功の指導もしている）が気を送ったところ、ソマチッドが湧いて出てきたのを見ました。

気功のエネルギーがソマチッドをふやすというのを自分の目で見ることが

甲斐

ソマチッドが少ししかいない人のスライドグラス上の血液に、京都の吉井史郎さんという陶芸の気功の先生が気功を当てたところ、ソマチッドが湧いて出てきたのを見ました。

気功のエネルギーがソマチッドをふやすというのを自分の目で見ることができたから、エネルギーの物質化というのがわかったんです。

できたから、エネルギーの物質化というのがわかったんです。

でも、ソマチッド自体が何かという分析は、頑張ろうと思ったけれど、結局不思議な働きをするものが珪素だけではないという現実もありますし、そもそもエネルギーが物質化したものの最小単位がソマチッドだというのは、目で見えている時点でわかってないし、そこの辺はもう一段階ある

吉井さんが気を送るとソマチッドがふえた時の写真

のかもしれないですね。

今、私たちは、目で見える範囲でエネルギーの物質化と言っているだけであって、それが何かというのは、これからの研究になると思います。

Chapter
2

ソマチッドのDNAの
共同作用について

水と珪素とソマチッドの関係性が鍵になります！

甲斐　水と珪素のコロイド粒子を発見した中島敏樹先生の研究はすごく腑に落ちました。

古代ソマチッドと言われているカミオニシキ貝の化石の粉末を分析に出したら、炭酸カルシウムだけでなく珪素も入っていて、その量の違いでソマチッドの量が違ったのです。

水があれば生命が誕生する、そこがすごくポイントだと思っています。中島敏樹先生が、自然界の水というのは、H_2Oではなくて水と珪素のコロイド粒子が階層構造になっていると言っているところから、水と珪素のコロイド粒子自体がソマチッドではないかと思いました。だから、水があると生命が誕生できるんじゃないかと考えて、珪素に注目していたというのはあるんです。

甲斐

中島敏樹先生の研究はすごく腑に落ちました。

水があれば生命が誕生する、そこがすごくポイントだと思っています。

中島敏樹先生が、自然界の水というのは、H_2O ではなくて水と珪素のコロイド粒子が階層構造になっていると言っているところから、水と珪素のコロイド粒子自体がソマチッドではないかと思いました。だから、水があると生命が誕生できるんじゃないかと。

勢能　ミネラル研究の第一人者であり、世界で初めて生命誕生実験を成功させた川田薫先生の『生命誕生の真実』という書籍の中でも、生命が誕生する仕組みとして、水と鉱物、いわばミネラル、エレメンツが一緒になって、生命が誕生しているという仮説を事細かく説明してくださっています。

すごくわかりやすい書籍で、ソマチッドとは明言はされてないのですけども、そこの軸にあるものはソマチッドであって、ソマチッドのエネルギーが宇宙空間を満たしている。

物質の中に電気が充電されるみたいな形で、鉱石やミネラルの中に充填される。

水の中でエネルギーが細かくなったときに、解き放たれて、その解き放たれた営みの中から生命が誕生していく、そういった流れがあるのではないかと私はすごく感じています。

私もソマチッドに対してすごく興味を持ってから、あらゆる顕微鏡をそろえました。

勢能

川田薫先生の『生命誕生の真実』という書籍。

すごくわかりやすい書籍で、ソマチッドとは明言はされてないのですけども、そこの軸にあるものはソマチッドであって、ソマチッドのエネルギーが宇宙空間を満たしている。

物質の中に電気が充電されるみたいな形で、鉱石やミネラルの中に充填される。

水の中でエネルギーが細かくなったときに、解き放たれて、その解き放たれた営みの中から生命が誕生していく、そういった流れがあるのではないかと私はすごく感じています。

今の顕微鏡のレベルだと解像度に限界がありますが、ソマチッドの発見者とされるガストン・ネサン先生のソマトスコープのように150オングストロームの解像度ではないにしても、現象を観測することはできます。

イポナコロジーの顕微鏡だったり、ウイスマーの顕微鏡を使うと、ある程度見えるじゃないですか。

その中で見ていて、すごい驚きの現象が起こった。

私はソマチッドを抽出した鉱物の水溶液をつくっておりまして、それを有用菌とされる菌の溶液の中に少し入れたんです。

たしかEM菌と万能酵母液と言われる菌、両方やったんですけれども、どちらの菌に対しても、ソマチッドが菌に変異していったんですね。

動画　菌とソマチッド

ソマチッド自体はずっとソマチッドで、全部が全部、変異したわけではなくて、ごく一部のソマチッドが殻をかぶるように凝集していって、バーッと一塊《ひとかたまり》になって、その一塊になった中から、EM菌とか万能酵母液という観測していた菌と同じような形状になって動き始めたんです。

DNAの前に幾何学とソマチッドが働いている⁉

勢能　私たちの体の中でもそういったことが起こっていると認識したら、全ての免疫細胞や私たちが持っているDNAも、さっきおっしゃっていたブループリント、青写真をもとに形成されている。

DNAが青写真のもとだとされているけれども、DNA自体もエネルギーとして青写真があって、ソマチッドと協力して具現化したものがDNAなんじゃないかと私は感じています。

そのあたりは、小さいものを観測する技術、電子顕微鏡ではなく光学顕微鏡の技術というか、光学顕微鏡を超した、真空状態をつくらなくてもリアルタイムで極微のものが観測できるような条件がそろっていったら、多分どんどん観測できるんじゃないかと思います。

甲斐 せっかくDNAの話が出たので、DNAの並び方を描いた図を見ると、私はそれが音楽で、音で聞こえてくるんですね。

音は周波数ですから、例えば体の中に40兆個の細胞があったら、DNAは全部一緒なのに、ある場所では爪になり、ある場所では肝細胞になりと違う細胞をつくるのは、DNAを押すスイッチを周波数が調節しているから、DNAというピアノの鍵盤を誰かが弾いているから、それが発動するみたいな、そんなイメージで私は見ているんです。

例えば、がん細胞も、AWG機器ではがんの周波数があると言われています。

正常細胞とは周波数が違うから、違うDNAのスイッチを押してしまっていると考えると、ソマチッドは本来の音を奏でるように動いてくれるんじゃないか、それがブループリントからDNAのスイッチをいいように押し直し

甲斐

DNAの並び方を描いた図を見ると、私はそれが音楽で、音で聞こえてくるんですね。

音は周波数ですから、例えば体の中に40兆の細胞があったら、DNAは全部一緒なのに、ある場所では爪になり、ある場所では肝細胞になりと違う細胞をつくるのは、DNAを押すスイッチを周波数が調節しているから、DNAというピアノの鍵盤を誰かが弾いているから、それが発動するみたいな、そんなイメージで私は見ているんです。

ソマチッドは本来の音を奏でるように動いてくれるんじゃないか、それがブループリントからDNAのスイッチをいいように押し直してくれるということかなと思っているんです。

てくれるということかなと思っているんです。

勢能　確かにそうですね。エネルギーの発生源の大もとをずっとたどっていくと、私は、大きな光の層に行き着くんですよ。

そこからエネルギーがバーッと流れ込んでいて、それが振動だったり渦という認識があります。

その渦の大きい流れがブループリントじゃないかと思っているんです。

それが、地球にもあって、太陽にもあって、それぞれエネルギーの波長がある。

フィボナッチ数列でもよくあらわされているような神聖幾何学とか、そういった波形ですね。

渦というか、波形というか、平面にすると神聖幾何学ですけれども、あれはすごく立体的ですね。

カタカムナもきっとそうなんじゃないかと思っているんです。

そこにアクセスすることができる。

勢能

エネルギーの発生源の大もとをずっとたどっていくと、私は、大きな光の層に行き着くんですよ。

そこからエネルギーがバーッと流れ込んでいて、それが振動だったり渦という認識があります。

その渦の大きい流れがブループリントじゃないかと思っているんです。

神聖幾何学の上でソマチッドが活性化した⁉

甲斐　勢能さんが神聖幾何学の上に何か置いたときにソマチッドが活性化したという話をされていたと思うんです。

珪素と水は水晶のもととも言えるんですけど、水晶って、きれいに結晶が並んでいるじゃないですか。

ソマチッドが活性化してよく振動していると、固まるときに、周りとのバランスを取りながら結晶になっていくので、フラワーオブライフみたいにきれいに結晶化していくのでは、と思っています。

例えば顕微鏡で血液を見た時、きれいな血液は固まった時にステンドグラスのようにきれいな模様になり、ドロドロの血液はどろんこ遊びをしたような模様になる。

例えば、掃除をして外側を整えると、心の中がすっきりするというか、整うみたいな感じになる。

物質を神聖幾何学みたいに宇宙の入れ物にぴったり入れて整えると、体の中でも同じことが起こるとしたら、すごくいいいなと思います。

それをさらにカタカムナとか言霊でやれるとしたら、それもすごいなと思うんです。

とにかく、整えるということが、鉱物の結晶みたいな、幾何学みたいなところから来ていて、私は、幾何学模様からは音楽が聞こえるんです。

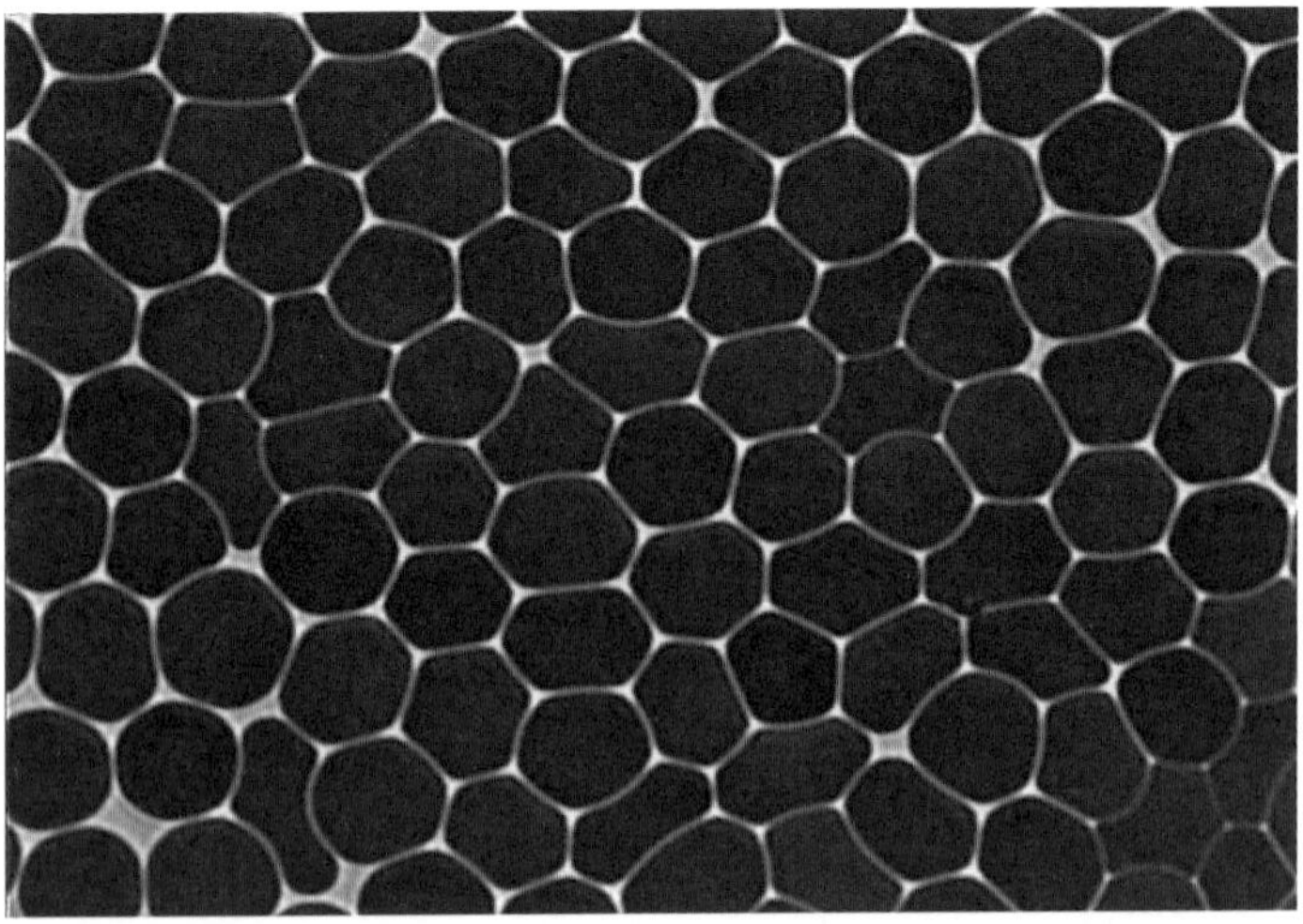

きれいな血液が24時間後に固まるとステンドグラスみたいに見える画像

教会の幾何学も、和音でバーンと聞こえてくるんです。

周波数と幾何学とソマチッドと、すごく関係があるように思います。


勢能　本当にそうですね。そのエネルギーが、小さい光の粒子に沿って流れる。

現象として、私たちがいる、三次元と言われている現実世界の1つ前には、霊界があったり、幽界があったりとか言われていて、さらにその先には神界があるとか、宗教的には言われていると思うんです。

まさにそういう認識で、エネルギーというのはそういった方向から流れてきていて、そのエネルギーの渦というか形に沿って、私たちの存在が構成されている。

そのエネルギーが精神に宿っていて、それが抜けちゃうと、魂が抜けた状態になっちゃう。

分け御霊《みたま》という言葉がありますけど、大きい光の神様がいるとしたら、その神様の一部なんだよみたいな表現があるじゃないですか。

勢能

分け御霊という言葉がありますけど、大きい光の神様がいるとしたら、その神様の一部なんだよみたいな表現があるじゃないですか。

それを最小化していったエネルギー体がソマチッドで、それが集まって私たちの魂ができ上がっている。

それを最小化していったエネルギー体がソマチッドで、それが集まって私たちの魂や霊体やオーラができ上がっている。

それがどんどん集合していくと、地球になったり、太陽になったり、大きな渦の中心に行き当たっていくんじゃないかと思っています。

甲斐　そのとおりだと思います。

私たちは皆地球人なので、地球にも意思があるというのは、すごくよくわかるなと思うんです。

例えば、これもおもしろいと思っているんですが、宇宙が、ゼロ、何もないところから、1が生まれて、1が2になって、4になって、8になって、16になる。

人間の耳で聞こえる周波数から音の源をたどっていくと、そのもとは8Hz、ドの音になるんです。8Hzは、地球の周波数と言われています。

ドの音に2を掛けると1オクターブ上がるので、8に2を掛けていくとドの音の周波数になる。8Hz、16Hz、32Hz、64Hz、128Hz、256Hz、51

2Hz……

あと、ラの音が432Hzのときに、ドの音が512Hzになります。シュタイナーのライアーは、A＝432Hzで調弦されます。

音楽自体がそうやって地球と共振共鳴するようにつくられていると思っています。

そもそも、それをドの音と決めたのは誰だろうと不思議に思っています。

昔の人は、地球の周波数を感じる力さえ、あったのかもしれないなと思っています。

『大海原のソングライン』という映画をこの前見たんですけど、原住民の音程がちゃんとそろっているんですよ。

地球と共振共鳴していると、そういう音程になる。

その辺がおもしろいなと思いました。

それもやっぱりソマチッドが振動している、その振動数もすごく関係していると思うんです。

地球上のソマチッドと、ひょっとしたらどこかの星のソマチッドとは振動数が違うかもしれない。

それがもとになっているから、その関係の周波数だと体調がいいみたいなのがあるんじゃないかと思っています。

勢能　本当にそうですね。

甲斐　時計の中にある水晶振動子が、時を刻むベースになっているのと同じように、心臓のリズムを刻んでいるのは、ソマチッドのリズム（水と珪素の集団リズム力）がベースになっていると思っています。地球人としての心地よい周波数があると思います。

Chapter 3

がんの部位では、ソマチッドが葉状化、繊維化して転移しないよう閉じ込めている!?

ソマチッドの点滴治療にかかわり、衝撃を受ける！

――甲斐さんも幸太郎先生もソマチッドにぞっこんじゃないですか。何でここまでソマチッドにはまったのか。

そのきっかけとか、その話を聞きたいなと思います。

普通に生きている人は、そもそもソマチッドと出会わないじゃないですか。

勢能　甲斐先生、ソマチッドにぞっこんになった経緯を。

甲斐　私は、西洋医療の看護師だったんですけど、息子がポリオのワクチン2回目でアナフィラキシーで死にかけました。

ワクチンのせいじゃないと言われたけど、おかしいなと思って調べて、西洋医療に対して、どうなんだろうという視点で見るようになって、自然育児とか免疫力を勉強しました。

その後、3・11が起こって、大分に移住したときに、BJ先生という、ソマチッドの研究をされている先生が九州を回っていて、大分で初めて血液観察を受けました。

そのときに衝撃を受けました。自分で血液を見ることができることに。

しかも、そのときに私は、このままにしていたら乳がんになるよと言われたんです。

うちの家系は、母が子宮がんだったから、私も子宮がんになると思っていたけど、子宮がんじゃなくて乳がんだねと言われて、実際、本当にそれから9年後に乳がんになったんです。

血液でがんの診断ができるという話もすごいと思いましたし、それが治療につながるということにすごく興味があって、ぜひ勉強させてくださいということで、BJ先生と一緒にフィリピンに行きました。

フィリピンで自分もソマチッドの点滴の治療を受けましたし、患者さんが点滴を受けるお手伝いもしました。

そうした中でソマチッド療法を勉強させていただきました。

飲んだりすると、効果がゆっくり出るから、みんな、あまり気づかないんですけど、点滴は一晩で効果が出る。夜、点滴すると、すごく寒けがして熱が出て、翌朝起きると、若返ったみたいになる。

点滴によるソマチッドの効果が目に見えてわかるという体験をして、ソマチッドには効果があるという確信が得られました。

実際にパーキンソン病の方が、来るときは車椅子でいらっしゃったんですけど、帰りは歩いて帰っていったことがありました。

そのときは看護師としてパーキンソン病の方とプールで一緒に泳いだり、食事を楽しく食べていただけなんですけど、ソマチッドの治療でパーキンソン病が治る可能性があるというのは、西洋医療の看護師としては衝撃だったんです。

それで、ソマチッドの治療を自分でできるようになりたいと思ったこともあったけど、私は看護師で、医師の資格がない。

甲斐

点滴は一晩で効果が出る。夜、点滴すると、すごく寒けがして熱が出て、翌朝起きると、若返ったみたいになる。点滴によるソマチッドの効果が目に見えてわかるという体験をして、ソマチッドには効果があるという確信が得られました。

実際にパーキンソン病の方が、来るときは車椅子でいらっしゃったんですけど、帰りは歩いて帰っていった。ソマチッドの治療でパーキンソン病が治る可能性があるというのは、西洋医療の看護師としては衝撃だったんです。

でも、これを習っておいて、いつか医師の資格のある人に伝えたらどうだろうかと思ったんです（ＢＪ先生のやり方は誰にも真似できないとは思いましたが）。

それで、勉強させてもらいました。

それが、私にとってのソマチッドの最初です。

勢能さんみたいに神秘的な体験とかじゃなくて、西洋医療の看護師としての興味から入っているという感じですね。

反射療法ではソマチッドを使っていた！　そこから研究にのめり込んだのです！

勢能　私がソマチッドに興味を持った経緯をお話しさせていただきます。

私はセラピストで、整体とかエステとかのリラクゼーションサロンを経営しています。

特に体の健康とか美容とかにすごく興味があったんです。

そういったものをいろいろ調べている中で、ソマチッドとかそういったものを誰かがブログで書かれていたり投稿されているのをちょっと流し見したくらいな感じで、そんなに認識はなかったんです。

ある日、すごいうたい文句のセミナーがありまして、あらゆる不調を瞬間的に調整しますみたいな講座がありました。

そんなことができるのかと思いまして、実際にその講座に参加したのがきっかけです。

反射療法と言われる、ツボにクリームを塗ることによって体を調整することをやっている方がいらっしゃいまして、それを受講したときに、これはおもしろいな、すごく可能性があるなと思ったんです。

その講座の最後のほうで、実はソマチッドというものを使ってこういったことができるんですというお話を聞いて、これだと思って、ソマチッドにとても興味を持って、それからソマチッドについて調べ始めました。

ソマチッドって、どんなものにいっぱい入っているんだろうと思って、私も化粧品、クリームみたいなものをつくって、そういった技術をもっと進化させたいと思ったんです。

もっともっとエネルギーを高めていったら、すごい結果をもたらすことができるんじゃないかと希望を持ったんですね。

自分で研究を進めていって、どんどん研ぎ澄ませて、かなり効果が出せる技術にまでアップグレードしたいと思ったんです。

ちょうど、そのタイミングくらいで、そこの講座を主催されている方から、新たな講座がありますから来ませんかとお誘いいただいて、行ったときの講座の懇親会、打ち上げみたいなパーティがありまして、皆さんで食事をとったときに、そこの主催者さんが、以前お願いしていた講師の方が消息不明というか連絡がとれなくなって、講座を続けられなくなったんですというお話をされた。

「私は今までソマチッドのことをかなり調べてきましたし、体のことについてはずっと仕事でやってきているので、きっとお役に立てると思いますよ」とお話をしたところから、その方が2、3カ月くらいしてから、「一緒に講座をやりませんか」とオファーをしてくださった。

いきなりそこの代表理事になってしまいまして、私がそこの講師として、クリームを使った反射療法の施術をすることになって教え始めたのが、一番の大きいきっかけですかね。

ソマチッドはいい方向にも、悪い方向にも働くことを知る!

勢能　教えるとなったら、自分に知識がないといけませんし、何でこういった現象が起こるかというのも解明しなければならないと思ったので、そこからソマチッドに対しての生体反応をすごく調べ始めた。

ソマチッドはいい方向にも働くし、悪い方向にも働くというのも、そのときに認識しました。

ソマチッドの中にあるエネルギーが光のエネルギーや愛のエネルギーだとエネルギーの状態はいいんですけど、例えばそれが恨みだったり、ネガティブなエネルギーになっちゃうと、そのネガティブなエネルギーも共鳴共振して、相手に伝えてしまうことになるので、いいエネルギーに満ちたソマチッド物質をつくりたいと思いまして、それをクリームの中に入れた。

シールをツボに貼ると痛みがとれたりとか、はりとかおきゅうとかも、実は生体内に流れているソマチッドに対してアプローチしている療法なんだということに気がついたんです。

もちろん、はりを刺すことによっての圧痛とか刺激によって調整していることもあるし、おきゅうによる熱で調整しているのもあるんですけど、経絡の流れに沿ってソマチッドの流れが体の中に存在していることがわかりましたので、それを使うんだったら、はりとかおきゅうよりもソマチッドを直接塗布したら早いんじゃないかというところに意識が向かいました。

そこの講座で受けたヒントから自分なりのメソッドを開発して、ソマチッ

勢能

ソマチッドの中にあるエネルギーが光のエネルギーや愛のエネルギーだとエネルギーの状態はいいんですけど、例えばそれが恨みだったり、ネガティブなエネルギーになっちゃうと、そのネガティブなエネルギーも共鳴共振して、相手に伝えてしまうことになる。

ドの技術をもっと皆さんに伝えて、皆さんが一般的にソマチッドの恩恵が得られるような仕組みをつくっていきたいなと思ったのがきっかけです。

甲斐　人を癒やしたいというところが、2人の共通点ですね。

勢能　そこは大きいですね。

ソマチッドで環境浄化ができるけど、人はやはり病気治しの方が動いてくれる！

甲斐　私はさらに、地球環境をよくするために人を癒やすという考え方もあったんです。ソマチッドで環境浄化ができるから。でも、環境のためにでは人は動かないなと思って、自らを癒やすためだったら、動いてくれるかもという思いもありました。

勢能　まさにそのとおりだと思います。

ソマチッドの発見者のガストン・ネサン先生とか、レイモンド・ライフ博士とか、アントワーヌ・ベシャン博士とか、ソマチッド現象を観測していた偉人たちがいます。

がんとか病気というのは、がんが生じている部位の病気だと現代医療は見なしています。

しかし、その偉人たちは皆さん、全身病であると。

全身が病に侵されている結果、がんがそういったところから出てきているから、直接、がんの部位だけを治療するのではなく、全身を治療しなければならないということを、言い方はそれぞれ違いますけれども、同じように主張されています。

その考え方でいくと、環境も一緒ですね。

甲斐 そうなんですよ。人間は結局食べ物でできているから、地球でできているようなものですね。

地球でできているので、地球が汚染されていると、人間の体も汚染される。

その汚染物質が生体で処理できる限界を超えているものだから、病気として出るという考え方だと思います。

この前、がんの手術をして取ったのをスライドでいただいて、顕微鏡で見てみたんです。

外側は線維で覆われているんですよ。

切れているところは髪の毛みたいになっているんですが、ミルフィーユみたいな線維で覆われている。

顕微鏡で私はいつも見ているんですが、菌とかがんとか汚染物質をマクロファージたちは囲んで、中のものを食べています。

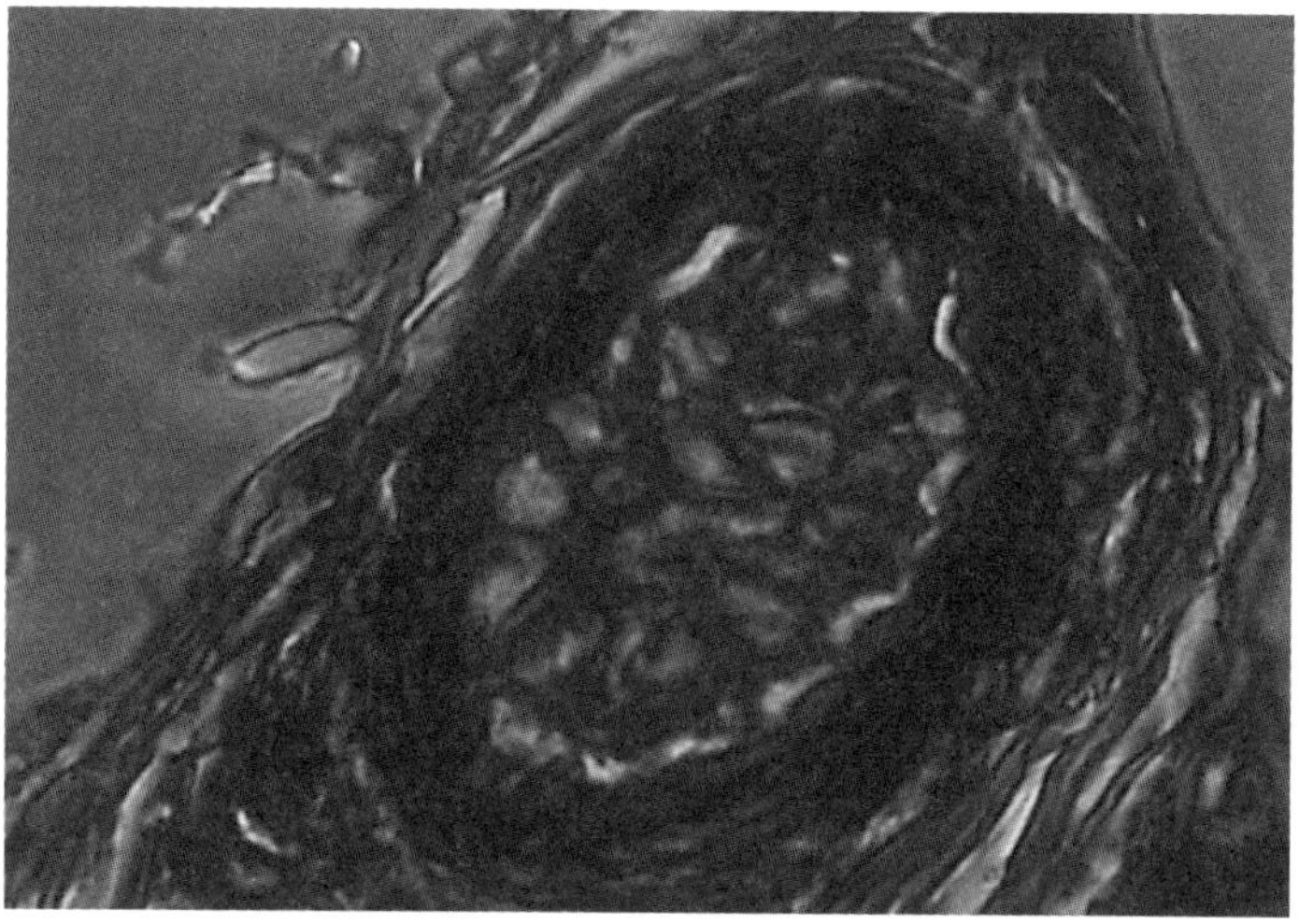

甲斐氏のリンパ節に転移したがんを顕微鏡で見た画像

甲斐

顕微鏡で私はいつも見ているんですが、菌とかがんとか汚染物質をマクロファージたちは囲んで、食べています。

要するにマクロファージはソマチッドでできていて、外側が葉状体になることで、がんを固める、封印するのではないかと思いました。

その後、線維化するのかなと思いました。

要するにマクロファージはソマチッドでできていて、外側が葉状体になることで、がんを固める、封印するのではないかと思いました。

がんというのは、転移するから怖い病気なんです。それを転移しないようにマクロファージたちが囲って、ソマチッドの葉状体になるみたいに線維化して、かたく固めて頑張っている姿なんだなと思いました。

勢能　まさに実際にご自身のがんを取り出して。

甲斐　自分のがんを見てわかりました。

勢能　ブラウン運動とソマチッドの大きい違いは何かと考えたところ、ブラウン運動は、分子が熱運動の影響によって振動している。

小さいコロイド粒子がただ振動している状態のことをいいます。

ソマチッドは、ガストン・ネサン先生が発見したコロイド粒子、小さい粒のことですが、それが1から16までの形態、バクテリア変異したり、いろんな形に変化していくんですが、最終的には葉状体の線維質の塊みたいなもの

甲斐

人間が死にかけたら、ソマチッドが菌になって、別に外から菌が来なくても、自分の体から菌が湧いて、肉体を腐敗させていく。

それがまだ早いよというときに、そういう菌でさえも全部線維で閉じ込めていくんだなと思った。

になる。

珪素の殻にこもってしまうみたいな表現が本に書かれていたり、ガストン・ネサン先生の情報を掘っていくと書かれているのですが、まさに線維の状態になって、がんを封じ込めていたということですね。

甲斐　がんって、そうなんだと思いました。

人間が死にかけたら、ソマチッドが菌になって、別に外から菌が来なくても、自分の体から菌が湧いて、肉体を腐敗させていく。それがまだ早いよというときに、そういう菌でさえも全部線維で閉じ込めていくんだなと思いました。

がんの中身が真菌という先生がいたり、先生によってみんな違うことを言っているんですが、要はマクロファージが、その物質が広がらないように固めているものががんと、おおまかにわかりました（がん細胞が血流に乗り、塞栓症となって即死するのを防いでいるのだと思います）。

だから末期のがん患者さんが血液が酸性に傾いている状態でソマチッドを

たくさんとるとがんが大きくなってしまいます。

逆に大きさを小さくするためや、菌などが繁殖しないようにするには、重曹やクエン酸で血液や尿がアルカリ性になるようにしたら良いのだとわかりました。

Chapter 4

新型コロナを ソマチッドの視点で 深掘りするとこうなる!

新型コロナでの血栓もソマチッドの葉状体かもしれない！

甲斐　勢能さんと話していて、新型コロナが何なのかというお話がおもしろかったんですね。

血液が酸性に傾いている人というか、欧米の太った人がコロナが重症化する。

日本人はやせ型で、日本食を食べている人はそんなに重症化しなかったということを話したときに、アルカリと酸性を勢能さんが教えてくれて、そのとおりと思ったんです。

サイトカインストーム（免疫暴走）で血栓ができるのが、新型コロナのデルタ株までの重症化する要因だったのですが、それもソマチッドの葉状体で血栓になっているのかもしれないと、勢能さんに言われて、はっと気づいたんです。

甲斐

勢能さんと話していて、新型コロナが何なのかというお話がおもしろかったんですね。

血液が酸性に傾いている人というか、欧米の太った人がコロナが重症化する。

日本人はやせ型で、日本食を食べている人はそんなに重症化しなかったということを話したときに、アルカリと酸性を勢能さんが教えてくれて、そのとおりと思ったんです。

血栓ができるのがコロナの主な症状なんですけど、それもソマチッドの葉状体で血栓になっているのかもしれないと、勢能さんに言われて、はっと気づいたんです。

勢能　私も、血液の中のソマチッドを観測していると、ソマチッドもコロイド粒子も共存しているような状態ですね。

見分けがすごく難しくて、これは脂肪酸のコロイドなのか、タンパク質のコロイドなのか、ソマチッドなのか、顕微鏡でざっくり見ているだけなので、正確な見分けはできないのですけれども、それと連動してソマチッドサイクルがあると認識しています。

見ていると、脂肪酸もタンパク質もソマチッドに取り込まれているような状態なんです。

体の中のpHが酸性に偏っていくと、コロイドたちがソマチッドとともに凝集していって、いろんな形に変異していく。

例えば、ミミズみたいになったり、ウニみたいになったり、体温が冷えれば血小板みたいな形にも変異するし、フィラ層と言われているフィブリンの、網の目のネットみたいな状態になったり、いろんな形に変異していくんですね。

ギュンター・エンダーレイン博士の知られざる驚異的研究

勢能　その中で、ガストン・ネサン先生と、あともう1人、すごく血中のコロイドを研究されていた、ギュンター・エンダーレイン博士という方がいらっしゃる。

酸性に偏ると、ガストン・ネサン先生は葉状体の線維みたいな表現をされているのですが、ギュンター・エンダーレイン博士は、その塊のことをシンプラストという名前で呼んでいるんですね。

動画　**ソマチッドの葉状体（シンプラスト）**

新型コロナウイルスに感染する。

ソマチッド・サイクル

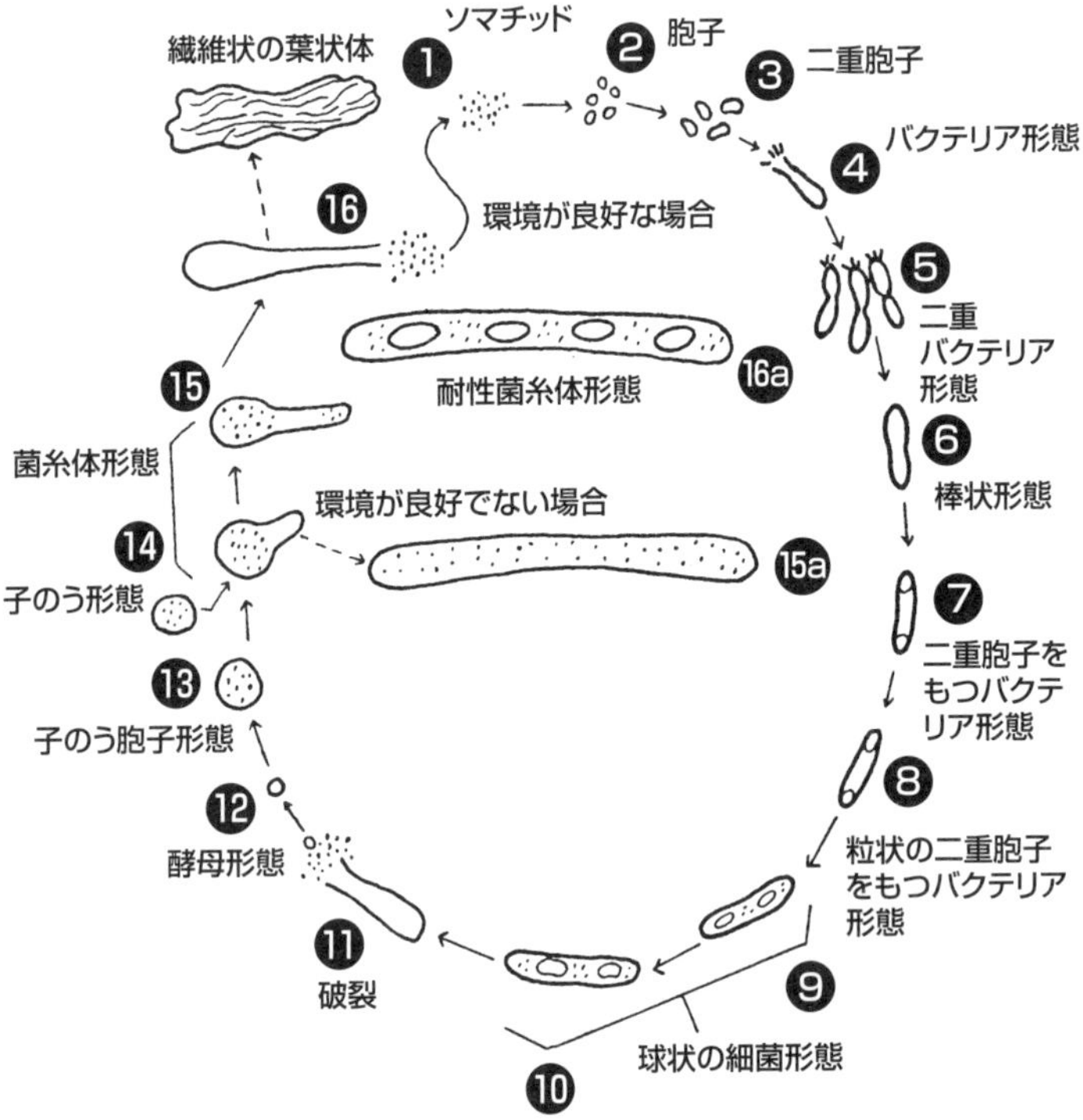

出典:『ソマチッドがよろこびはじける秘密の周波数』(宇治橋泰二著、ヒカルランド)

動画

ソマチッドの変異
(コンドリッド&ディエコシーシット)

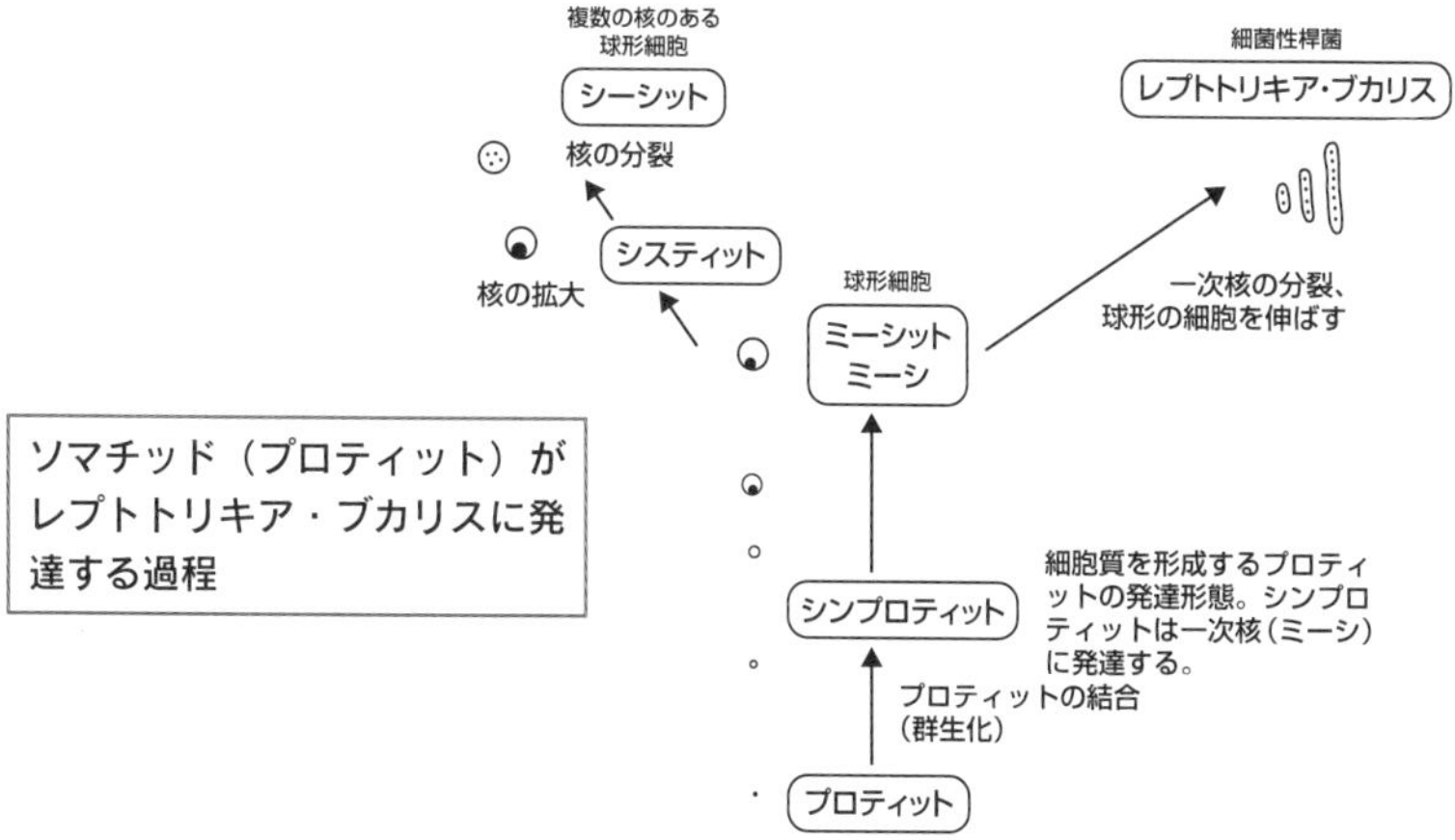

ソマチッド（プロティット）がレプトトリキア・ブカリスに発達する過程
複数の核のある球形細胞
シーシット
核の分裂
システィット
核の拡大
球形細胞
ミーシット
ミーシ
細菌性桿菌
レプトトリキア・ブカリス
一次核の分裂、球形の細胞を伸ばす
細胞質を形成するプロティットの発達形態。シンプロティットは一次核（ミーシ）に発達する。
シンプロティット
プロティットの結合（群生化）
プロティット

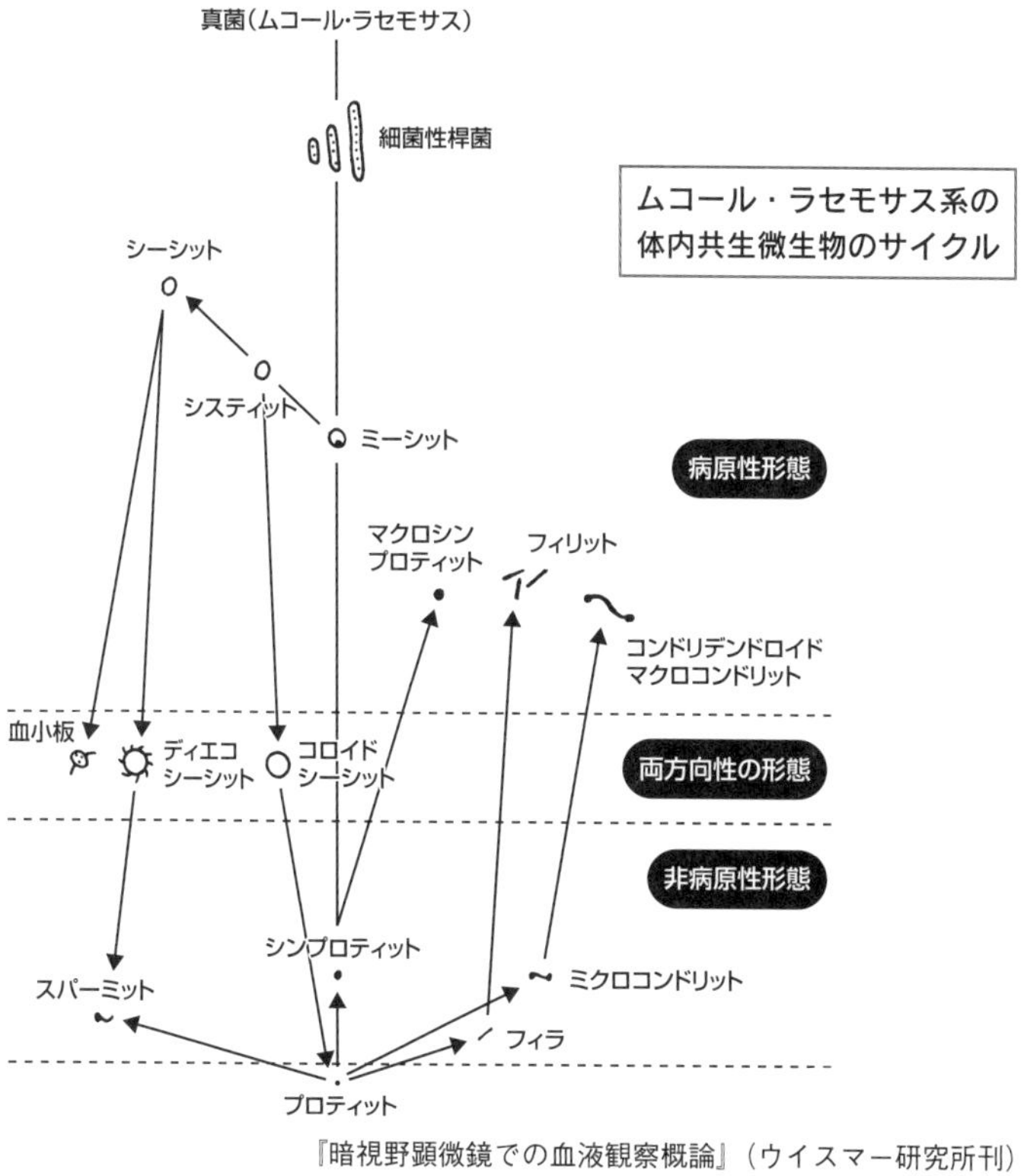

ムコール・ラセモサス系の体内共生微生物のサイクル
真菌（ムコール・ラセモサス）
細菌性桿菌
シーシット
システィット
ミーシット
病原性形態
マクロシンプロティット
フィリット
コンドリデンドロイドマクロコンドリット
血小板
ディエコシーシット
コロイドシーシット
両方向性の形態
非病原性形態
シンプロティット
スパーミット
ミクロコンドリット
フィラ
プロティット

『暗視野顕微鏡での血液観察概論』（ウイスマー研究所刊）より作成

ウイルス系の感染症は全般的に、ウイルスが突然、体に入ってくると何が起こるか。

まずリンパ球だったり、あとは顆粒球、好塩球、好塩基球とか単球とか、マクロファージも含めて、免疫細胞が血中で常にパトロールしている。

血中細胞の内側の、顆粒球でいう顆粒の部分というのは、まさにソマチッドだなと思っています。

観測していると、ソマチッドと同じ動き方をするんですね。

細菌とか感染症ウイルスに侵されてない体はゆっくり悠然とパトロールしているんですけれども、感染症に侵されたりすると、ちょっと大きくなって細胞分裂をしたり、とにかく数がふえていくわけです。

一気に感染症ウイルスとか細菌に対して攻撃をしてというか、体を守るために調整をかけていくんですけれども、そのときに、役目を終えた免疫細胞は、アポトーシス（自爆死）、ネクローシス（壊死《えし》）というんですが、細胞膜を破って細胞が自滅する。

そのときに中からソマチッドがドバーッとたくさん出てくるんですよ。出てきたものが、体のpHが酸性に偏ってしまっていると、シンプラスト化してしまう。

なので、死骸とかと絡み合って大きい塊になって、血栓が発生してしまっているとも考えられる。

甲斐　本当にそのとおりだと思います。NHKでは、ウイルスを一網打尽にしようと思って、好中球が自分のDNAのネットを投げるという言い方をしていたんですけど、要するに自爆するときに、酸性の血液の場合はネットになるということですね。

勢能　アルカリ性の状態だとコロイドの状態を維持しているのだと思います。ソマチッドが動ける状態、ブラウン運動をしてバーッと振動している状態を維持できている。しかしそれが酸性に偏ってしまったり、血液が汚染されている。凝集が起こってしまって、ネットというか、線維質の塊になってしまう。

ネットの状態だったら、まだいいですね。

ギュンター・エンダーレイン博士が言うフィラ層という状態がありまして、私たちが怪我したときに、血液が流出しないように止血してくれている、ネットのかわりになっていると言われるフィブリンですね。それがバッと発生して、絡み合ってしまったり、血液の状態があまりにも汚染されていたら、シンプラストという塊になってしまうのでしょう。

動画　擬似クリスタル＆コロイドシンプラスト

甲斐　なので、新型コロナに関して、それがすごく重要なポイントだと思いました。
がんの患者さんに対しても、真菌説を唱えている先生は、重曹とかクエン酸で血液をアルカリに保つのがいいと言って、尿のｐＨがアルカリになるよ

勢能

ギュンター・エンダーレイン博士が言うフィラ層という状態がありまして、私たちが怪我したときに、血液が流出しないように止血してくれている、ネットのかわりになっていると言われるフィブリンですね。

それがバッと発生して、絡み合ってしまったり、血液の状態があまりにも汚染されていたら、シンプラストという塊になってしまうのでしょう。

うに治療していくんですけれども、それは結局同じことだなと思っています。

酸性になっていると、ソマチッドのサイクルが進むということですね。

勢能 そうです。まさにソマチッドサイクルの後半のほうの大きい状態、もしくは葉状体の状態、あとはバクテリア層から真菌に変異していく状態。ガストン・ネサン先生は、真菌になるとは多分明言はされてないと思うんです。

甲斐 どんな症状が起きて、どんな危機になるかわからないですものね。

勢能 ギュンター・エンダーレイン博士は、真菌になるというのは明言されています。

甲斐 血液観察をすることで、ソマチッドサイクルの3番くらいまでは大丈夫だけれども、4番からは危ないよみたいになっていたときに、終わりがわかっていれば、それが将来、サイクルになって、こうなるからだよと言ってあげられると思ったんですよ。

9年前、BJ先生が、「君は乳がんになるよ」と言ったのは、私はそのときから血液が酸性に傾いていたということだと思ったんです。

だから、あのときから血液をアルカリに保つように努力していれば、ひょっとしたらがんは防げたかもしれない。

自分では食事とか気をつけていたつもりなんですが、ストレスがあると、どうしても血液が酸性に傾きます。

ガストン・ネサン先生のガンや難病などの治療薬「714X」が日本人には効きにくかった理由の1つとして、日本人はストレスが多いというのがあるのかなと思っています。

よくしようとしても、それを悪くする要因のほうが強かったというのが大きいのかなと思いました。

勢能　それは確実にあると思います。

甲斐　結局、物質だけではなくて、メンタル、その人の生き方も含め、その人本来のストレスのない生き方に戻すことで、病気が治るのでは、と。

甲斐

ストレスがあると、どうしても血液が酸性に傾きます。

ガストン・ネサン先生の７１４Ｘが日本人には効きにくかった理由の１つとして、日本人はストレスが多いというのがあるのかなと思っています。

ストレスのない本来の姿にいることで血液の酸性化が避けられる！

甲斐　私は、がんになって、手術が終わった後から、毎日歌わないと具合が悪いという変な状況ができ上がっていて、歌っていると、右の脇の下の張りが治まるというのがあるから、結局毎日歌わざるを得なくなっています。

ある日、私は、歌うことが本来の姿なんだなという気づきもありました。

その人がストレスのない本来の姿にいることで、血液が酸性化するのも防げるから、がんも防げることになる。

日本人にがんが多いのは、ストレスの多い社会だよと言っていることでもあると思います。

勢能　あらゆる複合的な要因が考えられますね。活性酸素が多く出て、ストレス状況にあると酸化しやすい。

でも、酸素は私たちの活力の源でもありますので、酸性だけが悪いというわけではなく、ストレスホルモンだったり、体内で生成される毒素と言われるものも要因ですね。

摂取している毒素以上に、体内で生成される毒素も結構あると思うんですよ。

そういうのも、しっかりとソマチッドが活性している状態であれば、浄化できる。

免疫細胞と連携したり、ミトコンドリアにATPを生成するのを促したり、そういったことを体の中の営みとして行ってくれていますので、正常な自分の状態を維持できる。

地球上に存在している自然な電磁波がブループリントだとすると、それを阻害してしまうというか、形を崩してしまう歪《ゆが》んだ電磁波、ノイズもあると思うんです。

簡単に言えば有害電磁波ですね。

勢能

でも、酸素は私たちの活力の源でもありますので、酸性だけが悪いというわけではなく、ストレスホルモンだったり、体内で生成される毒素と言われるものも要因ですね。

摂取している毒素以上に、体内で生成される毒素も結構あると思うんですよ。

そういうのも、しっかりとソマチッドが活性している状態であれば、浄化できる。

そういった有害電磁波を受け続けてしまうと、人間の中にある、自分が自分である健康な状態を保つための周波数の振動を、磁場だったり電波だったりとかで歪めてしまう。

それもソマチッドが不活性になってしまう要因でもあると私は思っています。

あとは、マイナス思考。意識レベルというのは、自分の内側から出てくる思考の周波数だと私は思っています。

意識の周波数は、愛の状態だったり、悟りの状態だったりすると、高い状態。

高い・低いという表現も正確ではないように感じますが、簡単にわかりやすく説明すると、それが高い状態だとすると、逆に、無気力、無関心、あとは羞恥《しゅうち》心の状態は低い状態。

この状態というのは、私はデヴィッド・R・ホーキンズ博士という方の研究をもとにすると、すごくソマチッドの活性度合いとリンクしていると認識

勢能

簡単に言えば有害電磁波ですね。

そういった有害電磁波を受け続けてしまうと、人間の中にある、自分が自分である健康な状態を保つための周波数の振動を、磁場だったり電波だったりとかで歪めてしまう。

それもソマチッドが不活性になってしまう要因でもあると私は思っています。

しています。

意識レベルが下がってしまうと、ソマチッドはかなり殻をかぶって不活性になってしまう傾向が見られたんですね。

甲斐　本当にそう思います。

5Gでコロナになると言っている人たちは、それじゃないかと思います。5Gでソマチッドが葉状体になったら、重症化しちゃうのかなと。

勢能　重症化しやすくなると思います。

私は、お水の問題と電波の問題がかなり影響しているのではないかと思っています。

コロナだけに特定せずに、ウイルス系の感染症、細菌性の感染症、全ての感染症に言えるんですけれども、感染しやすい状態というのは、生体バリアが崩壊してしまっている状態です。

生体バリアは何かと言ったら、免疫だったり、皮膚の表層にいる善玉菌の働き、腸内にいる善玉菌の働きだったり、いろんなのを総称してだと私は認

意識のレベルマップ

感情	レベル	ログ
表現不可能	悟り	700–1000
至福	平和	600
静穏	喜び	540
崇敬	愛	500
理解	理性	400
許し	受容	350
楽天的	意欲	310
信頼	中立	250
肯定	勇気	200
嘲笑	プライド	175
憎しみ	怒り	150
切望	欲望	125
不安	恐怖	100
後悔	深い悲しみ	75
絶望	無気力	50
非難	罪悪感	30
屈辱	恥	20

『パワーか、フォースか　改訂版』（デヴィッド・R・ホーキンズ著、ナチュラルスピリット）より作図

勢能

意識レベルが下がってしまうと、ソマチッドはかなり殻をかぶって不活性になってしまう傾向が見られたんですね。

甲斐

本当にそう思います。

５Ｇでコロナになると言っている人たちは、それじゃないかと思います。

５Ｇでソマチッドが葉状体になったら、重症化しちゃうのかなと。

勢能

重症化しやすくなると思います。

識していいるんですけれども、そのバリアが乱れてしまったときに、入りやすくなってくる。

細菌に関しても、免疫に関しても、その活力のもととなっているのがソマチッドですので、ソマチッドが抜け落ちてしまう状態、もしくはソマチッドが能力を発揮できない状態が起こると、感染しやすくなる。

例えばピュアウォーターと言われるお水、超純水ですね、精製水とか純水と言われるお水を飲み続けてしまうと、純水（H_2O）というのは、ソマチッドを奪ってしまうんですね（自然界の水は、水と珪素のコロイド粒子として存在しています）。

例えばその中にミネラルとかいろんな要素が含まれていたら、飲んだところで、体の中のソマチッドを奪うことはないと思うんですけれども、精製水はソマチッドを奪ってしまうものだと私は思っています。

ソマチッドを吸着して外に出してしまうわけですね。

体内のソマチッドがどんどん奪われてしまう。

あとは、5Gの電波で、甲斐先生がおっしゃったように、葉状体の状態にノイズが発生してしまっていると、ソマチッドの営みが正しく行えないので、ノイズに負けて、ソマチッドが殻をかぶってシェルターの中に入って、機能をしてくれなくなってしまう。

そうすると、腸内細菌、肌とか皮膚にいる表層菌とか、体内の免疫細胞の機能が物すごく落ちてしまって、悪性化してしまったりする。それががんのもとにもなっているし、あらゆるウイルスによる感染症にもつながってくるんじゃないかと思っています。

甲斐　血液を見ていて、体にとって有害なものをとっていると、ソマチッドというか、珪素自体が有害物質を吸着する性質があるので。

勢能　キレート作用がありますね。

甲斐　それでお小水として一緒に悪いものを出してくれていると考えると、水でミネラルが足りてないので、浄化作用はだんだん落ちてくる。

コロナ後遺症の原因が、コロナの破片が残っていて、そこを免疫細胞たち

勢能

５Ｇの電波で、葉状体の状態にノイズが発生してしまっていると、ソマチッドが殻をかぶってシェルターの中に入って、機能をしてくれなくなってしまう。

それががんのもとにもなっているし、あらゆるウイルスによる感染症にもつながってくるんじゃないかと思っています。

が攻撃するからだと言っている先生がいます。

結局はワクチンのスパイクタンパクが体の中で量産されているから、それを免疫細胞たちが攻撃する。

そこの場所の細胞も攻撃されるから、後遺症として残る。

脳が攻撃されれば首から下が動かなくなったり、攻撃される場所によって自己免疫疾患が起こってくると思うんです。

血液中でいいソマチッドをどう活性化させていくか⁉

甲斐　ウイルスのかけらとかワクチンのスパイクタンパクの浄化に珪素とかソマチッドが使えるんじゃないかと思っているんですけど、どう思いますか。

勢能　私は、ソマチッド単体ではちょっと難しいのではないかと思っています。どんなソマチッドを使うかというところが重要になってくると思います。
例えば、お肉の中にもソマチッドがたくさんいるじゃないですか。

お米の中にもたくさんいますね。

私たちが主食としている食べ物の中には、多くのソマチッドが存在していま す。

そういったものを摂取しているというのは、ただ当たり前の生活をしているということですので、ただ当たり前にソマチッドを摂取したからといって、浄化は起こらない。

私は、甲斐先生のお話を聞いていて、ＢＪ先生は、いいソマチッドを体内に取り込んで、体内の悪い働きをし始めてしまったソマチッドを正常化させることをやっていたのではないかなと推測しているんです。

血液中にダイレクトに入れ込むことによって、体内の不活性化してしまったソマチッドたちが、正常な振動数に共鳴共振することによって戻って、一晩で体がいい状態に好転していったとおっしゃっていたと思うんですけれども、いいソマチッドをどのように活用していくかというところにポイントがあると思います。

Chapter
5

ソマチッドは
最先端テクノロジーの
進化を猛烈に促す!

電気の発見・発展と同じようにソマチッドテクノロジーが開拓されていく！

勢能　私は、セラピストという立場から、ソマチッドに対して研究を進めています。こういうふうに私と甲斐さんが一緒に手を組んで、ソマチッドについて、普及活動というか、いろんな方にソマチッドの話をさせていただいたり、実際に顕微鏡でのぞいてソマチッドを観測したり、このように対談をさせていただいたりする中で、多くの専門家たち、例えば科学者、物理学者、量子学者、医学者、医師、介護士、看護師、一般の主婦の方、あと子どもたち、あらゆる人たちがソマチッドに興味を持つ。

電気というものが存在しています。

昔は、電気を自由に使うことはできなかった。

その後、電気を使ってモノを発光させることができることに気がついて、それをうまく応用した。

長い時間、電球を光らせることに成功したトーマス・エジソンが電気を普及させて、電気のテクノロジーをどんどんいいものに改良していったり改善していく人たちの研究が起こり、その結果、現代の電気というインフラが整備されていると私は認識しています。

ソマチッドも、ある意味、要素として電気の性質とすごく似ているのではないかと思っています。

電気も、自分たちの生活の中でとてもいい恩恵をもたらしてくれるような開発が起これば、必ず研究する人たちがどんどんふえていって、そのテクノロジーは進化していくと私は思うんです。

なので、ソマチッドを使った最先端のテクノロジーをどんどん開発していくことが、私たちの生活を豊かにする、かなり大きい鍵になってくるんじゃないかと認識しています。

甲斐　そう思います。

勢能　こうやってソマチッドに対してフォーカスを向けて、真剣に研究に取り組んでいる人間は、まだ人数が少ない。

いろいろな今のインフラの中で、例えば医療インフラにしてもそうですし、エネルギー的なインフラもそうですし、環境的なインフラも全て含めて、インフラを目まぐるしく変化させてしまう脅威になり得る可能性もあります。ガストン・ネサン先生の714Xのように、すばらしいものを発見したがゆえに迫害を受けてしまった経緯もありました。

今まではそういう時代だったのかなと思うんですけれども、しかしガストン・ネサン先生の功績は代々受け継がれて、語り継がれています。レイモンド・ライフ博士の功績や、迫害を受けてしまった、すばらしいテクノロジーを開発された方たちの情報も、今、水面下でどんどん皆さんに広がっていっています。

隠蔽《いんぺい》したり迫害をして止められるようなものではない。大きい波になってきていると思うんです。

勢能
いい有用性のソマチッドをうまく抽出することができれば、解毒、ワクチンの重金属、あらゆる化学物質、スパイクタンパクの影響とか、そういったものを浄化する手立てにもなると思います。
あとは農薬ですね。放射性物質。あらゆるものを浄化できる可能性を秘めている存在がソマチッドだと私は認識しています。

なので、ぜひ皆さんと一緒に、甲斐先生、私も含めて、ソマチッドというものをもっともっと生活の中に役立てられるようなことを1個1個たくさん探していく。

いい有用性のソマチッドをうまく抽出することができれば、解毒、ワクチンの重金属、あらゆる化学物質、スパイクタンパクの影響とか、そういったものを浄化する手立てにもなると思います。

あとは農薬ですね。放射性物質。あらゆるものを浄化できる可能性を秘めている存在がソマチッドだと私は認識しています。

電気が今インフラに導入されて、すごく活用されているのと同じように、これからソマチッドというすばらしいエネルギー源を活用したテクノロジーがどんどん進歩していったらなと思っています。

甲斐　本当ですね。私もそう思います。

勢能　鉱物から抽出したソマチッドのセラミクスを使った除染も結構行われていたりする。

勢能
鉱物から抽出したソマチッドのセラミクスを使った除染も結構行われていたりする。
すごくおもしろかったのが、ソマチッドの営みですね。
有害物質を見つけると、それを吸着して、殻に閉じ込めるという性質があります。それは炭酸カルシウムに重曹をつけてソマチッドを抽出する方法なんですけれども、それを空気中に霧のようにバーッと噴霧することによって、福島第一原発周辺を汚染してしまっているセシウムボールの除染をすることを開発された先生がいらっしゃるんです。

すごくおもしろかったのが、ソマチッドの営みですね。

有害物質を見つけると、それを吸着して、殻に閉じ込めるという性質があります。それは炭酸カルシウムに重曹をつけてソマチッドを抽出する方法なんですけれども、それを空気中に霧のようにバーッと噴霧することによって、福島第一原発周辺を汚染してしまっているセシウムボールの除染をすることを開発された先生がいらっしゃるんです。

甲斐　すごいですね。

勢能　その方は、甲斐先生が教えてくださった先生ですよ。

「サイエンスZERO」という番組に出演されていた鈴木庸平准教授が、ユーチューブで発表されていたテクノロジーなんです。

鈴木庸平先生は、ソマチッドとは明言はしてないですけれども、内容がソマチッドで、地球の生命体の祖先は一体何だろうというのを研究されている方です。

東京大学の大学院理学系研究科に所属している准教授ですけれども、ゲノムを解読していったところ、DNAやRNAを持たない生命体がいるというところにたどり着いて、そのもとをどんどんたどっていくとソマチッドに行き着く。

参考：鈴木庸平先生
https://yoheysuzuki.jimdofree.com

実際に私たちの生活の中で取り入れているものといったら、ソマチッドのサプリメントだったり、私がやっているような、鉱物から抽出して活性したソマチッド物質をつくって、表皮に塗って、体の経絡を流れているソマチッドにアクセスして、ソマチッドを調整する技術だったりとか、徐々にそういうのが広まっていますけれども、また違う切り口から、除染というところでソマチッドの営みを活用されている先生がいらっしゃる。

今、多くの方たちがソマチッドの営みに気がついて、それを生活に取り入れて活用していく方向に、時代がどんどん変わってきていると認識しています。

滅菌・殺菌ではなくて、菌と共存共栄しないとソマチッドが減っていく……

甲斐　これも言わなきゃと思っていたんですけれども、コロナの時代になって、滅菌・殺菌がひどくなって、菌がバランスを崩している。ソマチッドから菌になるので、菌がいっぱいいるところにはソマチッドもいっぱいいて、ソマチッドがいるところには菌もいっぱいいる。それが、菌を殺菌・滅菌することによって、そのバランスが崩れて、悪い菌がふえることも許してしまっている。

菌がバランスをとっていれば、悪い菌ばかりふえることはなかったんですけど、今、バランスを崩している状況なので、このままだと、サル痘が出る

甲斐
これも言わなきゃと思っていたんですけれども、コロナの時代になって、滅菌・殺菌がひどくなって、菌がバランスを崩している。
ソマチッドから菌になるので、菌がいっぱいいるところはソマチッドもいっぱいいて、ソマチッドがいるところは菌もいっぱいいる。
それが、菌を殺菌・滅菌することによって、そのバランスが崩れて、悪い菌がふえることも許してしまっている。

と言っていましたけれども、それだけじゃなくて、いろんな悪い病気がふえる可能性があると思っています。

菌のバランスをもとに戻す意味でも、ソマチッドをふやすことはすごく大事だなと思っています。

ナノソイは大豆石けんで、いい菌だけ育てて、悪い菌だけ死んでもらう。そういうのを使うことで、菌のバランスをもとに戻していく。菌をふやすというイメージですけれども、そういうふうにしていかないと、ミクロがマクロで、マクロがミクロなので、地球の環境で菌が減っていけば、人間の体もそうなっていく。

菌をふやすということが、これからの時代という気がします。

勢能　本当にそうですね。

私も、今かなり危険な状態であると認識しています。なぜかというと、甲斐先生がおっしゃったように、とにかく殺菌・滅菌、菌をやっつけろという方向にいっているじゃないですか。

甲斐

菌がバランスをとっていれば、悪い菌ばかりふえることはなかったんですけど、今、バランスを崩している状況なので、このままだと、サル痘が出ると言っていましたけれども、それだけじゃなくて、いろんな悪い病気がふえる可能性があると思っています。

菌のバランスをもとに戻す意味でも、ソマチッドをふやすことはすごく大事だなと思っています。

私たち人間もそうですけれども、生命というのはみんな生きようという力を持っているわけですね。

ゴキブリさんやネズミさんみたいに、駆除の対象にされている生き物だってそうです。

例えば、以前使っていた殺虫剤は、ゴキブリを全滅させることができたんです。

だけど、今は、以前使っていた殺虫剤ではゴキブリが死ななくなってしまっているんですね。

どういうことが起きているかというと、耐性を持ったゴキブリが生まれているということなんです。

今まではアルコールだったり次亜塩素酸で、滅菌、除菌、殺菌ができていた細菌たちが、耐性を持ってしまう。

抗生物質でも同じことが起こっていて、今まで抗生物質を飲めば治っていた病気、要するに抗生物質によって細胞膜が破れて死滅していた細菌たちも、抗生物質に対して抗体、要するに耐性を持って、スーパーバグと言われるようなバクテリアや細菌もどんどんできてきているんです。ウイルスも同じことが言えます。私たちは、世代が交代していくサイクルが、平均で見ると、一世代でも30年くらいじゃないですか。早いと20年とか15年くらいでどんどんサイクルしていっていると思うんです。

ゴキブリさんだったりネズミさんはもっと早いですね。

バクテリアだったり菌だったりウイルスというのは、もっともっと早いんです。

なので、あっという間に耐性を持って進化していくんです。

だから、甲斐先生がおっしゃるように、共存共栄していく。

やっつけるとか死滅させたり、攻撃するのではなくて、ともに繁栄、発展していくことが、私たちのこれからの課題になっていくのではないかと思っています。

甲斐　本当にそのとおりだと思います。

勢能　まさにソマチッドの営みを活性化させることができれば、本当に不思議な現象が起こる。

私たちにとって必要ないい菌たちは活性していき、私たちにとって必要のないものたちは、おとなしくしてくれるようになる。

悪さをしないでいてくれるようになる。

それが、ソマチッドの中でたくさん起こるんですね。

例えばソマチッドの濃縮液に水虫菌をつけ込むと、水虫菌は死滅して、いなくなるんだけれども、表皮の常在菌もいなくなっているかといったら、ちゃんと残っていたり、そういったことが起こる。

ともに寄り添っていくツールとしては、ソマチッドがいいアイテムになってくるのではないか。

菌やバクテリアやウイルス、そして私たちが仲よく暮らしていける地球環境をつくる上でも、抗生物質やアルコール、次亜塩素酸という強い薬品を使う方向性ではなく、ともにいい関係が築けるような状況をつくっていく方向

勢能

まさにソマチッドの営みを活性化させることができれば、本当に不思議な現象が起こる。

私たちにとって必要ないい菌たちは活性していき、私たちにとって必要のないものたちは、おとなしくしてくれるようになる。

悪さをしないでいてくれるようになる。

それが、ソマチッドの中でたくさん起こるんですね。

性、第3の選択肢をこれからどんどん提案していけるように、私たちは研究していきたいですね。

甲斐　本当にそのとおりです。

ワクチンでどんどんウイルスが変異していくので、この戦いに終わりがない。しかも人間は全然それに追いついて行けない。

勢能　行けないです、スピードが速いので。

甲斐　今はコロナの序の口で、これからいろんな感染症が起こってくるときに、このやり方をまたやるかというと、それは違うかなと思っています。

がんとの共存共栄もソマチッド活性化から……

甲斐　がんも、私は最終的には自分で調べたくて、手術して取りましたけど、あのままいても、半年は大きくなってなかったですし、がんとの共存共栄もうまくできるという可能性はあるんじゃないかとすごく感じています。

ソマチッドの研究をすることで、外側の大きな世界でも共存共栄が考えられるようになった。そういう気づきがもらえたのも、ソマチッドのおかげだと思います。

勢能 確かにがんって、どんな人の体の中にも何個か、毎日生まれていると言われていますね。

それを攻撃する免疫細胞、特にＮＫ細胞と言われる免疫細胞は、笑ったりするとふえると言われているじゃないですか。

人を愛したり愛されたりしても、ＮＫ細胞がふえると思うんです。

まさにその原点にあるのがソマチッドであって、ソマチッドが、いい周波数、いいエネルギーを受けると、いい働きをしてくれる。

健康な人の精神、健康な人の肉体、健康な人の心、あとは霊性ですね、スピリットを崩さずに維持できていれば、がんがもし生まれたとしても、自然に浄化していっているんですね。

私たち健康な人間というのは、常にがんと共存共栄しているわけです。不健康になってしまうと、がんが抑制できなくなって、大きくなって、死に至ってしまう。

そういったところで考えると、ガストン・ネサン先生も言っているように、人間の４つのファクター、肉体とスピリチュアル性と知性と感情ですね。

私は日本人なので、心と体と魂、３つで捉えていたんですけれども、エモーショナルだから、感情が含まれるんですね。

その４つの要素、いわば全体ですね。全体の調和をとることが健康の秘訣《ひけつ》だし、そういった状態であれば、感染症が入ってきてしまっても、何とか生き延びることができるんじゃないかと思うんです。

生物兵器とか突然変異で強いのが生まれたりして、感染したらひとたまりもないですけれども、自然に生まれているものであれば。

一度感染したら、免疫細胞は抗体を持てますから、次に侵入されても、その抗体を使えば、感染症が発症するリスクは少なくなります。

ある程度の感染は視野に入れつつ、感染したから、病気が発症したから、がんが発症したからといっても、おびえることなく、毅然《きぜん》とし、自分の心、魂、感情、そして肉体ともう一度しっかり向き合う。

歪みやノイズが発生してしまっているような意識があったり、トラウマがあったら、それと向き合って浄化して、内側から愛のエネルギーや感謝のエネルギーや、楽しいと思ったり、笑顔の絶えないような生活ができるように、自分の生活を安定させていい方向に向かうことができれば、どんどんよくなっていくと思うんですね。

Chapter 6

ソマチッドを活用して
これからやっていく
世直しのことについて!

ソマチッドをどう生かしていくか

勢能 これからソマチッドというモノを使って、テクノロジー、技術がどんどん考案されて、世の中がいい方向に向かっていくと思うのですが、甲斐先生の中で、こういうアプローチ、こういうことをしたらいいんじゃないかと思うことはありますか。

甲斐 いっぱいあります。

1つは、今、ガソリン代がすごく上がっている。ガソリンがないと生きられないくらいな勢いですね。あと、山の中に太陽光パネルをつくってしまって、土砂災害に見舞われている。

何か方向が間違っているなと思うんです。

宇宙船はどうやって動力源を保っているかというと、木内鶴彦さんから、大きな虫めがねみたいなのでやっていたと聞いたことがあります。

水晶って、偏光器で見ると渦を巻いているじゃないですか。

その渦がエネルギーを集約させる方向であれば、対方向のエネルギーを水晶で何千倍にもできるという話を、日本珪素医科学学会の人としたことがあって、その後、その計画は多分頓挫《とんざ》したと思うんですが、でも恐らくそれだと思っています。

水晶を利用して、太陽光の動力源で宇宙船が動いていると思います。それをつくってしまえば、火力発電所とか要らなくなる。

エネルギーの変換を今すぐしてもらいたいというのが1つ。

あと、病気を治すというときに、お小水でpHをはかると色でわかるので、アルカリに保っていれば、大抵の病気にならないことが明らかになっています。

私は看護師なので、食の見直しというところでやっていきたい。血液を見れば、どんな食べ物を食べているか、食生活がわかります。

甲斐

水晶って、偏光器で見ると渦を巻いているじゃないですか。

その渦がエネルギーを集約させる方向であれば、対方向のエネルギーを水晶で何千倍にもできる。

水晶を利用して、太陽光の動力源で宇宙船が動いていると思います。

それをつくってしまえば、火力発電所とか要らなくなる。

なので、自分の目で見て、自分で食生活を変えていく啓蒙活動をしたい。あと、環境浄化に微生物が働いてくれているんだという啓蒙活動をしていきたいと思っています。

医療と食と農業と音楽の組み合わせですね。音楽で微生物たちやソマチッド活性化ができるので、医療と農業と食と音楽の連携みたいなことができたらと思います。

勢能　私は、今やっているプロジェクトとしては、ソマチッドの活性した超物質をつくりたいというのがあります。

ずっと研究してきて、ソマチッドはどんなものにたくさん含まれているのか、どういう条件で活性化して、どういう条件で不活性になってしまうのか、実際に顕微鏡で見ています。

さっき甲斐先生が言ったように、中性の状態が一番好ましい状態で、酸性の状態に偏り過ぎてしまうと、ソマチッドが殻をかぶってしまう。

酸の状態でも、例えばアルカリを強めて中和してあげると、またソマチッ

甲斐

私は看護師なので、食の見直しというところでやっていきたい。血液を見れば、どんな食べ物を食べているか、食生活がわかります。

あと、環境浄化に微生物が働いてくれているんだという啓蒙活動をしていきたいと思っています。

医療と食と農業と音楽の組み合わせですね。

音楽で微生物たちやソマチッド活性化ができるので、医療と農業と食と音楽の連携みたいなことができたらと思います。

ドが殻を破って出てきたり、そういったことがあるんですけれども、一番大事なことは、遺伝情報を持たない、純粋無垢《むく》なソマチッドを活用して、そこにエネルギーを入れていく。

いろんなエネルギーがあるんですけれども、今私がやっているのは、主に電子をソマチッドに供給することによって、ソマチッドを活性化する。ソマチッドは珪素とものすごく相性がよくて、特にナノコロイダルシリカと言われる珪素の状態、水溶性珪素でコロイド状になっているものは全て全般的にそういった状態になっていると思うのですけれども、それとソマチッドの組み合わせがとても相性がよくて、活性したコロイドの状態を維持することができるんです。

動画 ナノコロイダルシリカとソマチッドの関係性

勢能

いろんなエネルギーがあるんですけれども、今私がやっているのは、主に電子をソマチッドに供給することによって、ソマチッドを活性化する。ソマチッドは珪素とものすごく相性がよくて、特にナノコロイダルシリカと言われる珪素の状態、水溶性珪素でコロイド状になっているものは全て全般的にそういった状態になっていると思うのですけれども、それとソマチッドの組み合わせがとても相性がよくて、活性したコロイドの状態を維持することができるんです。

その状態をつくることができると、ソマチッドを正常化させることができることがわかっていまして、ノイズが発生してしまったり、殻をかぶってしまったソマチッドに対して、そのソマチッドを近づけたり、近くに寄せたりするだけでもいいのです。

そうすると、ソマチッド自体が正常の状態に戻るんですね。

その働きを使って、環境のソマチッドの不活性化も、ドミノ連鎖の現象のように、1つのソマチッドがいい働きをすると、そのまた隣のソマチッドをいい働きにして、またその隣のソマチッドをいい働きにしてという形で、ドミノがバーッと倒れていくように、一斉にソマチッドが瞬時に流れに乗って、ソマチッドの振動の周波数の渦によって、一気に正常化するという現象が起こることがわかっています。

その反応を使って、まずは人間の体から、セラピーという形で、今は化粧品をつくっているのですけど、その化粧品を使った経絡反射療法を行っています。神経の反射区だったり、経絡のツボ、経穴と言われるポイントにソマ

勢能氏が開発したソマチッド活性剤
ハイパフォーマンスエッセンス

クリーム内のソマチッドと体内のソマチッドが共鳴共振する CBD エナジークリーム

動画

ハイパフォーマンスエッセンス
30倍希釈の顕微鏡画像

チッドを塗布して、体を調整する技術。

あとは、ソマチッドの原液をつくっていますので、その原液をあらゆるところに散布することによって、そこの土地のソマチッドの正常化を図っていく。

例えば農薬だったり、あらゆるノイズ、周波数の乱れが起こってしまったり、電磁場の乱れだったり、磁界の乱れも含めて、そういったものが発生して、そこの土地のソマチッドがやせ細ってしまったり、ソマチッド自体が眠ってしまったり、全く活性しなくなってしまっている土地が今すごくふえています。

そういったところに活性したソマチッドを加えることによって、眠ってしまっているソマチッドを呼び起こす。

そして、呼び起こしたことによって、生体の微生物やバクテリア、そこの土地の有用性の高い微生物を活性化し、地球環境をどんどんいい状態にしていくという活動をまずしていきたい。

あと、先ほどお話しさせていただいたんですけども、電気という存在に気づけば、電気に対して研究する人たちがふえて、電気というものを使うテクノロジーが進化する。

原子力発電が生まれたのも、火力発電が生まれたのも、太陽光発電が生まれたのも、地熱発電が生まれたのも、電気というものの恩恵を受ける仕組みができていたからですね。

こういった活動を通じて、ソマチッドの恩恵を得られるということに対して、たくさんの方に認識していただきたい。

ソマチッドを研究する人たちが世の中にたくさんふえて、ソマチッドを使ったテクノロジーがどんどん発展・繁栄していって、多くの人たちがソマチッドの恩恵が受けられるような社会インフラをつくっていくというのが、今の私の目的ですかね。

ソマチッドに期待している分野でもありますし、ソマチッドもそれを求めていると私にメッセージが来るので、ソマチッドに突き動かされているみたいな感じですね。

甲斐　私もそう感じるんですよ。

ソマチッドと通信するようになったら、自然界が何を求めているか、すごくキャッチしやすくなった感じがします。

そういうのに動かされて、今回、選挙に出ようかという動きもしたんですけれども、ちょっと無理だったんです。

でも、人間が変わることで変われることがいっぱいあるから、1人の力は小さいですけれども、勢能さんとは何でもわかり合えるというか、意見が一緒だから、本当にありがたいんです。

私たちの共振共鳴で、何とかして地球をいい方向に持っていけたらと思いますね。

勢能　はい、思います。

甲斐　なので、ソマチッドフェスタ、楽しみにしています。

勢能　日本の、ソマチッドに恵まれた土地って、すごくたくさんありますね。

そういったところでもしイベントをやれたら、その土地にまさにソマチッドがたくさん満ちているので、そういったところで私たちのエネルギーと愛のエネルギーと地球のエネルギー、宇宙のエネルギー、いろんなエネルギーが相互にまざり合って、ソマチッドが本当にいい光のソマチッドにどんどん浄化されていくというか、エネルギーに満ちたソマチッドの状態になるように活動していきたいですね。

甲斐　本当にそのとおりですね。

Chapter 7

良いソマチッドをどうとったらいいのか!? 二人の直接的な体験からの提案です!!

二人がお薦めのソマチッド製品とは!?

勢能 例えば食品だったり、温泉水だったり、あらゆるものにソマチッドがいるじゃないですか。

甲斐先生が特にお薦《すす》めのソマチッド製品というか、ソマチッド食品でもいいですし、有用性の高いソマチッドが多く含まれているようなアイテムはありますか。

甲斐 病気になったので、自分の体で実験させてもらいました。

勢能さんに贈っていただいたハイパフォーマンスエッセンスは、一滴垂らせば水もおいしくなって、浄化されてよかったし、シリカエナジーも、本当に助かりました。

最初にあれだけシリカエナジーを飲めたのは、本当にありがたいなと思いました。

植物性だと、ヨモギとか野草の力はすごく大きいと思っています。畑をやっているんですけれども、何か違うんですね。草が生えている、自然農の畑に癒やしがあるんです。草たちの、植物の力は大きいなとすごく思っています。顕微鏡で見ても、野草のソマチッドはすごいので、野草がお薦めだなと。フィリピンに行けば、マルンガイにソマチッドが多いと言われていますけど、それを日本でつくるとかじゃなくて、日本にも、何もしなくてもすごく力強く、アスファルトを突き破ってでも出てくる野草のパワー、これがソマチッドの力というか。

野草は侮れないなと思うんです。

勢能　野草はすごいですね。特に中央構造線上というのですか、九州から東京のほうに延びて、新潟のほうに抜けていく、エネルギーがギュッと凝集した地層がありますね。

あの辺の野草はソマチッドが多くてすごいですね。

甲斐 沖縄もすごかったです。

勢能 沖縄にはサンゴがある。

サンゴ礁の化石はソマチッドがたくさん入っていますね。

甲斐 沖縄自体が、古代ソマチッドの塊ですね。

勢能 宮古島のアロエベラは、ソマチッドがすごかったです。

あと、「雪塩」とか、「ぬちまーす」と言われるお塩ですね。

あれもコーラルセラミクスというんですか、サンゴの化石からつくったセラミクスみたいなもののろ過装置を通して、海洋深層水を噴霧してつくっている。

お塩はpH的に結構乱れがあるものの、ソマチッドを入れると凝集して固まって眠りについちゃうのがほとんどなんですよ。

お塩の中なのに、ソマチッドが元気に動いている、すごく珍しいお塩ですね。

甲斐 だから沖縄の塩がいいんですね。

勢能 普通の食塩は、大体ソマチッドが全部眠りについちゃうので。

甲斐　塩が大事ですね。

あと、酵素玄米をずっと食べています。

玄米を、小豆と塩を入れて8時間以上つけてから炊いて、それを10日くらい、かきまぜて食べる。本当においしいです。

勢能　酵素玄米もお薦めですね。

ヒカルランドさんも本を出されていたり、取り扱われているＦＴＷという特殊な素材がありますね。

ＦＴＷを使うと、酵素玄米が1日で炊けちゃうんですね。

お味噌《みそ》も2週間でできちゃうんです。

ＦＴＷも、多分ソマチッドにすごく働きかけているエネルギー源が放出されていると思います。

発酵を促すということは、強烈な還元力を

FTW ビューラプレート

持っているということでもあるので。

参考：ＦＴＷとは（株式会社コンプラウト）
http://www.comprout.jp/
＊ヒカルランドでもお取り扱いしています。

あと何かありますか。

甲斐 挙げればいっぱいあります。

勢能 せっかくなので、ガンガン行きましょう。

甲斐 重曹は、天然の、モンゴルの地層からとれた重曹が古代ソマチッドだから、結局、重曹でアルカリにするのもいいし、古代ソマチッドとしてとるのもいい。

勢能 シリンゴルベーキングソーダはいいですね。しかも、値段的にもお手ごろで、1000円くらいで2キロ買えますね。

甲斐

ソマチッド活性化で、AWG 機器はよかったと思います。

私は、がんがありながらも、看護師として働いていたんですけれども、AWG 機器をつけていたら、働くのも全然苦ではなかったし、がんも大きくならなかったんですね。

もうちょっと認知が広がるといいなと思います。

甲斐 そうなんです。

長く日常的に続けるには、そういうのも教えてあげるといいなと思います。

ソマチッド活性化で、AWG機器はよかったと思います。

一時期、レンタルして24時間身につけていたんです。

自分の身につけられるもので、寝ている間もかけてました。

私は、がんがありながらも、看護師として働いていたんですけれども、AWG機器の器械をつけていたら、働くのも全然苦ではなかったし、がんも大きくならなかったんですね。

もうちょっと認知が広がるといいなと思います。

勢能さんから水素の吸入器もお借りしましたし、飲む水素もありましたし、水素をとるというのは、ソマチッド活性化には欠かせないと思いました。

勢能 水素はpHの調整もしてくれますからね。重曹と同じように、還元力が高いので。

甲斐 あとは、骨格的に神経の流れが悪くなると、そこの血流も悪くなって、

甲斐

勢能さんから水素の吸入器もお借りしましたし、飲む水素もありましたし、水素をとるというのは、ソマチッド活性化には欠かせないと思いました。

勢能

水素は pH の調整もしてくれますからね。重曹と同じように、還元力が高いので。

甲斐

あとは、骨格的に神経の流れが悪くなると、そこの血流も悪くなって、病気になると言っている先生がいた。

勢能

それは私も思います。

病気になると言っている先生がいらっしゃって、施術を受けていました。

勢能 それは私も思います。

甲斐 肉体を治すというところで、整体もすごく大事だと思いました。

勢能 整体マッサージはとても大事ですね。体の中にあるシリカ、珪素とか、あらゆる物質に対して、マッサージして圧をかけることによって、圧電効果が起こって、エネルギーが充電されますし、何よりリラックス効果も高い。交感神経・副交感神経の働き、自律神経を整える作用もありますしね。

あと、血流が悪くなってしまっているところに、血液がちゃんと流れるようにもできます。

甲斐 代替療法をして気づいたんですけど、お金が続かなくなっちゃうので、ずっと長く続けるには、そこも大事だなと。

一番いいのは、代替療法研究所というのをつくって、「代替療法にこういう効果があります。だから、保険をきかせましょう」ということで、代替療法も保険がきいて安くなる。

甲斐

肉体を治すというところで、整体もすごく大事だと思いました。

勢能

整体マッサージはとても大事ですね。体の中にあるシリカ、珪素とか、あらゆる物質に対して、マッサージして圧をかけることによって、圧電効果が起こって、エネルギーが充電されますし、何よりリラックス効果も高い。

交感神経・副交感神経の働き、自律神経を整える作用もありますしね。

それが一番の平等な医療だと思うんです。

だから、本当は代替療法研究所というのをどこかにつくって、ちゃんと研究したほうがいいと思います。

勢能 社会保険だったり国民健康保険だったり、国が負担してくれる保険制度の治療として、そういった代替療法とか民間医療、統合医療が活用できる社会の仕組みをつくっていくことも視野に入れてということですね。

甲斐 もちろんです。医療は、地球と共存共栄の鍵の1つでもあると思うんです。

水から変えるのが一番の近道!?

勢能 ほかにはありますか。

甲斐 メンタルのことを言ったら切りがないので、それはここでは割愛して、あとはお水ですかね。

私は、地元で、「ゼロ水」といって、ミネラル豊富な、電気的にもいいお水が湧き水としてあって、それがただで手に入るんです。

自分が宇目出身というのもあるから、自分の体に合うという意味でも、その湧き水を飲んでいたんですけど、古代ソマチッドが多いお水だと思います。

整体の先生が薦めてくれた、神経の流れ、生体電流の流れをよくするエネカ水を飲んだのもよかったのかなと思っています。

お水が大事ということですね。人間の7割がお水で、お水が変えられると、体の変化は速いですね。

勢能　すごく速いですね。

甲斐　あとは、勢能さんからいただいたソマチッドクリームです。

私は右の乳がんだったけど、その前から右手だけアトピーだったんですね。がんが治ったら右手のアトピーも治ったので、関係があると思っています。

多分、右手に有害物質がいっぱいあって、それをマクロファージたちが体の外に出そうとしてアトピーになっていたんだけど、それが追いつかなくて、がんとして、まとめて固めてくれていたという流れだと思っているんです。手のアトピーに対して、ソマチッドクリームが本当によかったです。

もともと私は、金属アレルギーとか化学物質アレルギーとかあると思うので、薬が難しかったんですけど、ソマチッドクリームさえあれば万事オーケーみたいな感じだったので。

勢能 ほかにはなにかありますか。

甲斐 心理的に支えてもらったことが大きいです。皆さんに応援してもらったことが大きかったと思います。パワーも送ってもらっていました。

ソマチッドの摂取で気をつけること

——お薦めのものをいっぱいとってしまっても、害はないのですか。

甲斐 ないです。例えば牛乳を飲むと、血液の中でカルシウム濃度が一気に

甲斐
例えば牛乳を飲むと、血液の中でカルシウム濃度が一気に上がって、カルシウムパラドックスで一気にカルシウムを奪ってとか、血中濃度の調整で動いたりするんですけど、古代ソマチッドが入っていれば、血中濃度がいい感じで保たれて、急激な変化が一切起こらないので、とり過ぎて害になるというのは聞いたことがないです。

上がって、カルシウムパラドックスで一気にカルシウムを奪ってとか、血中濃度の調整で動いたりするんですけど、古代ソマチッドが入っていれば、血中濃度がいい感じで保たれて、急激な変化が一切起こらないので、とり過ぎて害になるというのは聞いたことがないです。

勢能 甲斐先生がおっしゃるとおりです。

ソマチッドって、ガストン・ネサン先生の『完全なる治癒』とか、稲田芳弘先生の『ソマチッドと714Xの真実』にも書かれているんですけれども、遺伝情報を持っていっちゃうんですよ。

白ウサギの血液からソマチッドを抽出して黒ウサギに投与したところ、グレー色になったり白黒の毛が生えてきたりする。

爬虫類《はちゅうるい》のソマチッドを哺乳類《ほにゅうるい》に投与したら、毛が抜け落ちて、うろこみたいなのが出てきた。

そういった実験はたくさんありまして、動物性のソマチッドに関してはかなり危険性がある。

勢能

白ウサギの血液からソマチッドを抽出して黒ウサギに投与したところ、グレー色になったり白黒の毛が生えてきたりする。

爬虫類のソマチッドを哺乳類に投与したら、毛が抜け落ちて、うろこみたいなのが出てきた。

そういった実験はたくさんありまして、動物性のソマチッドに関してはかなり危険性がある。

食べ物として摂取する分には、腸内細菌の営みによって分解が行われて、ソマチッド化して体内に入ってくるんですけれども、直接投与するのはかなり危険だなと思っています。

——注射ですか。

勢能 注射だったりとか。動物性のソマチッドを取り扱うのは、かなり慎重にやらないと、逆に悪い結果をもたらしてしまう傾向もあると思います。

例えば、カニバリズムと言われる人食いの文化があります。

都市伝説なんですけど、支配者層のすごいお金持ちの人たちが若い人間の生き血を飲んで寿命を長くするみたいな、それもある意味、ソマチッド療法につながっている部分がある。

若い人間のソマチッドは活発ですし、汚れもなく、純粋無垢な部分がありますす。

そういったエネルギーがすごく増幅されて発生しているソマチッドを取り込むということは、その恩恵が得られることでもあるんですね。

そういったことは、まことしやかな都市伝説ですけれども、実際にあると私は思っています。

例えば、豚由来のソマチッドをたくさんとっていけば、豚っぽくなってしまうだろうし、牛のソマチッドをたくさんとれば、牛っぽくなってしまう。

よくボディーメイクされていらっしゃる方で、大胸筋がすごく鍛えられている方は、鶏肉をたくさん食べます。

鶏肉をたくさん食べると大胸筋が大きくなりやすくなるし、足が速くなりたい人は馬肉をたくさん食べたりとか、同物同治《どうぶつどうち》論というのですか。

例えば肝臓が悪ければレバーを食べなさいとか、骨を丈夫にしたければ小魚を丸ごと食べなさいというのとちょっと似ていると思うんですが、そういったことがあるので、ソマチッドを厳選して、自分に必要なソマチッドを摂取するのがコツだと思います。

甲斐先生がおっしゃっているソマチッドというのは、基本的に植物性のソマチッドや古代ソマチッドと言われるソマチッドが多いんじゃないかと思っ

勢能

甲斐先生がおっしゃっているソマチッドというのは、基本的に植物性のソマチッドや古代ソマチッドと言われるソマチッドが多いんじゃないかと思っています。

特に野草に含まれているソマチッドは、植物性のソマチッドですので、人間に対する遺伝情報は、そこまで影響をもたらすようなものではないので、多くとってしまっても問題はないのではないかと思います。

ています。特に野草に含まれているソマチッドは、植物性のソマチッドですので、人間に対する遺伝情報は、そこまで影響をもたらすようなものではないので、多くとってしまっても問題はないのではないかと思います。

――植物についていたソマチッドが動物の中に入ったら、それは動物性のソマチッドになるのですか。

勢能　動物の中で情報を持ってしまうので……。ただ、情報の周波数というのですか、その振動をクリアにすることができれば、問題ないんじゃないかと思うんですが、それをやるとなると、人間の手では無理なんじゃないかと思います。

――ソマチッドにいっぱい種類があるわけではなくて、いろんなものにつくことで、それぞれの振動数を持ってしまうんですか。

勢能　そうですね。私がすごく懸念しているのは動物の殺処分で、畜産業が、動物に恐怖を与えて殺処分をしてしまった場合、恐怖の念がソマチッドを介して、食肉から人体に影響をもたらしてしまうんじゃないかというのがあります。

イスラム教とか、宗教によっては、屠殺するときに、気をつけて屠殺する。苦しみを与えないように、儀式にのっとって優しく屠殺をして、感謝して血肉をいただくという方式があります。

宗教的なところにもそういった思いが含まれているのか、ソマチッド理論がわかっていて、そういうふうにやっているのかはちょっとわからないんですけれども、影響はあります。

人間同士というのは特に近い存在なので、輸血したり臓器移植をすると、ソマチッドが入ってくるので、ドナーさんの記憶だったり、ドナーさんの情報も確実に入ってきます。

心臓移植したら、ドナーさんが幼少期に経験した記憶が、移植した方の記憶の中に芽生えたというのが、テレビで放映されていたりするじゃないですか。

それを起こしているのがソマチッドじゃないかと私は推測しています。

いいソマチッドを厳選する必要がありますね。

特に遺伝情報を持たないものがいいのではないかと思っています。

古代ソマチッドが一概にいいとも言い切れない。

古代ソマチッドはどんなものか。鉱物の中に眠っているソマチッドは、基本的に古代のソマチッドが多いです。

温泉水で湧いて出てくるソマチッドや湧き水で湧いてくるソマチッドは、古代ソマチッドが豊富に含まれていまして、そういったものは太古のエネルギーに満ちているので、すごく元気なんですよ。

そういったものを取り込むと、体の調整が行われます。

なので、好ましいソマチッドではあります。

古代ソマチッドを活用するのはとてもいいんですけど、人間と領域がすごく離れているので、人間に対して影響を与えないくらい、かけ離れていると共振がしづらいというのは、私がいろいろ実験してきた中で思った部分です。

古代ソマチッドと現代ソマチッドをブレンドするとよりいいというのがあ

勢能

古代ソマチッドと現代ソマチッドをブレンドするとよりいいというのがあります。

お水でも何でもいいですから、古代ソマチッドを抽出したお水みたいなものをつくって、そのお水を、今食べようとしている食品にちょっと吹きかけると、理想的だなと思っています。

ります。

お水でも何でもいいですから、古代ソマチッドを抽出したお水みたいなものをつくって、そのお水を、今食べようとしている食品にちょっと吹きかけると、理想的だなと思っています。

今食べようと思っている食品の中には、現代ソマチッドがたくさん含まれています。

その現代ソマチッドに古代ソマチッドを共鳴共振させる。ドミノ連鎖を起こすことによって、現代ソマチッドの性質を元気のあるソマチッドに調整してから摂取すると、人体の中で働きやすいソマチッドになる。

顕微鏡だったり、そういったものの実験の中で、これは法則として取り入れたいなと思ったことです。

もう1つ、懸念しなければいけないこととして、ソマチッドを安易に摂取すると、あまりよくない傾向に至ってしまう人たちもいます。

勢能

今食べようと思っている食品の中には、現代ソマチッドがたくさん含まれています。

その現代ソマチッドに古代ソマチッドを共鳴共振させる。

ドミノ連鎖を起こすことによって、現代ソマチッドの性質を元気のあるソマチッドに調整してから摂取すると、人体の中で働きやすいソマチッドになる。

なぜかというと、意識レベルはソマチッドと共鳴しています。意識レベルが正常な状態の人は、ソマチッドをどんどんとろうが、何も悪いことはないですけれども、意識レベルが下がってしまって落ち込んでいたり、ネガティブな感情を抱いてしまっていたり、体が酸化してしまっていたりする方が大量にソマチッドを摂取するとよくない。

元気であれば、ソマチッドのエネルギーで体内の元気じゃないソマチッドも元気になるのですが、元気のないソマチッドを元気のない人がとってしまうと、体内のシンプラストとか葉状体の塊になってしまったり、バクテリア変異したような、有用性ではないソマチッドに変異しやすくなる。

そういう状態でいきなり多量に摂取するのは、かなり危険じゃないかと思っています。

ソマチッドのとり方のアドバイス／自分に合う方法を探す！

――甲斐先生は、看護師さんとして、ご自身の体もすごく見られたり、いろんな方を見られている中で、その人に合ったソマチッド処方箋《せん》みたいな、その人にちょうどいいソマチッドのお薦めの仕方をどんなふうに伝えているのか。

今の話では、ただとればいいというわけではなさそうなので、意識していることがあれば。

甲斐 その人が、これを飲んだらよくなると思っているものに関しては、結局はよくなるんです。

勢能 プラセボも働きますしね。

甲斐 例えば、私は、ナノソイがいいのは自分でわかっていても、渡した人によっては、渡した後、使ってなかったり、捨てちゃったりする人もいるわけです。

それがいいものだよと教えてあげて、「わあ、そんないいものなんだ」と喜んで使うと、本当にいいものなんですよ。

だから、伝え方も大きいのと、よくキネシオロジーでOリングとかやっている先生もいますけど、自分が試してみてどうか、自分が体感してわかるかどうかが大事だと思いました。

皆さんが、すごくいろんなものを薦めてくれるんです。

私が病気になったら、いろんなものが集まってきたんです。

一度は試してみるんですけど、あまり効果が感じられないなというのは1カ月でやめて、次に移ったという感じです。

自分に合う方法が絶対あるので、それはその人によると思います。

西洋医療しか信じてない人に、幾ら代替療法を説明しても聞こうとしないんですね。

その人は西洋医療だけでいいと思うんです。

西洋医療で治る人はいっぱいいます。それはそれでいいんです。西洋医療がイヤだという人に対して、どうアドバイスできるかというところで、今の方法もあるということをお伝えできればいいのかなというところです。

あともう1つ、がんの末期の方にソマチッドはよくないという話ですが、実はがんの末期ではマクロファージががんの味方をして働く、マクロファージをふやせばふやすほど、がんが大きくなるという現象があるようで、末期の方にはソマチッドを勧めないそうです。

勢能 摂取するという方法が、必ずしもいいわけではないというのはありますね。

摂取しただけで、害があるかといったら、そこまではないんです。でも一部の人間にとってはネガティブに働く可能性もあるので、気をつけなければいけないというところですね。

ガストン・ネサン先生は、摂取しただけではあまり意味がないと言っているんですね。

要するにソマチッドの効果は、人間の生体内での営みが正常になっているか、正常ではないのかの指針になっているので、いい状態に戻してあげれば、つまり、ソマチッドが元気で活発に働ける状態にしてあげれば、体は健康になっていきますよと言っている。

ソマチッドをとれば、それだけで元気になるというわけではないんですよということも、前述の『ソマチッドと714Xの真実』という書籍に書かれています。

ソマチッドの摂取の仕方さえうまくやれば、体内の状態をよくすることにもつながるんです。

実際に珪素由来のソマチッドをたくさんとっていくと、キレート作用によって、ソマチッドが悪いものに殻をかぶせて、シェルターをつくって、体外に出してくれます。

いいこともたくさんあるので、一概にサプリメントは全く効きませんよ、ソマチッドサプリメントなんてインチキですよというのは全くなくて、ソマチッド由来のサプリメントとかお水とかとれば、いい働きをしてくれます。

でも、気をつけなければいけないのは、有用性の高いものをとらなければならないというところですね。

あと、私は、表皮に塗るということは、とてもリスクが小さいと思っています。筋反射テストとかいうのももちろんそうなんですけれども、ソマチッドというのは体にすぐに反応が出るんですよ。

私がつくっているソマチッドクリームは、例えば中指にクリームを塗ると、中指というのは脊柱《せきちゅう》の反射区になっていまして、脊柱が緩むんですね。

なので、その反射療法を使って、その方の生体内でソマチッドが正常に働いているか、働いていないかというのが判断できてしまうんです。

有用性の高いソマチッドをクリームの中に入れて、それと共鳴を起こしたときに、体に何らかの反応が起こる人。

全く問題がなくて、とても健康で、体の可動域に制限がない方はちょっとわかりづらいんですけれども、何かしらのロッキング、要するに体の可動域に何かしらの制限がかかっている方は、中指にクリームを塗ったら、可動域がぐっと広がります。

動きがよくなるんですね。

ただし、動きがよくならない方がまれにいるんです。

そういった方は、生体内のソマチッドが不活性状態になってしまっている可能性があります。

そういった方に、あまり有用性のないソマチッドをたくさん投与してしまうと、ネガティブな方向に働く可能性がある。

まずはお水とか、そこまで濃度の濃くない、キレート作用の高いシリカ水とかを日常的に飲んだりしてください。あとは意識レベルの改善ですね。

カウンセリングだったり、意識レベルの高い人たちと共同生活をしたり、人と人とのつながりによって改善する傾向がものすごく高いんです。

デヴィッド・R・ホーキンズ博士の『パワーか、フォースか』という書籍にも書かれている、意識の階層があります。意識レベルがパワーの状態というのは正常な意識レベル、しかし意識レベルが下がってしまうと、フォースの状態になる。

フォースの状態でも、かなり底辺のほうにある羞恥心という感情だったり、ネガティブな感情を持ってしまっていると、ソマチッドの反応が起こりにくくなるんです。

そういった状態で、ソマチッドがいいからと言って、何でもかんでもソマチッドを摂取するのは危険だと思っています。

なので、量はあまりとらずに、高濃度のソマチッドではなく、薄めたものを飲んだり、あるいは血液の中に直接投与するのではなく、自分の身の回りの、例えば壁に塗ったり、洋服だったら、自分の皮膚だったり、化粧品で使ったり、体を洗うときに使ったりする。

そういうのでちょっとずつ慣らしてから、キレーションをしていって、ソマチッドの波動と自分のソマチッドが共鳴して、ちょっとずつ改善していく

意識のレベルマップ

感情	レベル	ログ
表現不可能	悟り	700–1000
至福	平和	600
静穏	喜び	540
崇敬	愛	500
理解	理性	400
許し	受容	350
楽天的	意欲	310
信頼	中立	250
肯定	勇気	200
嘲笑	プライド	175
憎しみ	怒り	150
切望	欲望	125
不安	恐怖	100
後悔	深い悲しみ	75
絶望	無気力	50
非難	罪悪感	30
屈辱	恥	20

『パワーか、フォースか　改訂版』（デヴィッド・R・ホーキンズ著、ナチュラルスピリット）より作図（P105を再掲）

のをはかってから、量をふやしていく方法のほうがいいのではないか。
私が施術セラピーで使わせていただいて、感じたことですね。

——本になったときに、わかりやすい使い方があるといいかもしれないですね。

勢能 不安の感情とか、食肉とかの影響だったり、ネオニコチノイド系と言われる農薬とか、神経の伝達が阻害されたり、生体電流の流れが乱れている状態でソマチッドをたくさん摂取しちゃうと、何かしらのネガティブな反応が起こると思うので、摂取はまだ早いなという感じですね。

——でも、今そういう人が多いんじゃないですか。

勢能 ソマチッドには、毒とかを吸着して流して抜いてくれる働きがある。
一気に体内でシンプラストがドドドッとふえたら、血栓になっちゃいますね。
だけど、それをちょっとずつやってあげれば、それを分解して、体の悪いものも外に出すことが期待できる。

――摂取の仕方ですね。

勢能　摂取の仕方をうまくアドバイスできる人が、これからどんどんふえていったらいいなと思います。

私もそういったメソッドを体系化して、多くの方が安心安全にソマチッドのセラピーを活用できるような仕組みをこれからつくっていこうと思っています。

ナノソイコロイドのお風呂、コッカス菌もお薦めです！

甲斐　お薦めのものを2つ、言うのを忘れていました。

ナノソイのお風呂に入っていて、それはよかったと思います。

あと、腸内細菌叢を調えることが免疫を上げるのに一番いい。

宿便があると、幾らいいサプリをとっても吸収されないので、腸をきれいにすることが一番大事だなと思いました。

私は、ＢＪ先生からコッカス菌がいいと勧められて、それは前から飲んでいます。

勢能　あと、ナノソイコロイド。

甲斐　そうです。ナノソイのお風呂に入っていました。

勢能　ナノソイも、顕微鏡でのぞいたら、ソマチッドがたくさん出ていました。

ナノソイのタンパク質と脂肪酸のコロイドからソマチッドが発生しているんだと思うんですけど、結構バクテリア叢《そう》も出ていますね。

おびただしい数のソマチッドがナノソイコロイドの中に発生していて、すごくいいですね。

動画　**ナノソイコロイド　ソマチッドの様子**

ナノソイで家を掃除したり、洗濯したりすると、服にも付着しますし、あと、お風呂に入れたりする。

甲斐　歯周病ががんの原因の1つになると言っている先生もいて、ナノソイで歯磨きをしはじめてから、歯茎の調子がすごくいい。

ナノソイで歯のケアをすることが大きかったと思います。

勢能　歯周病菌もそうなんですけど、口の中の細菌というのは血中にも影響を与えてしまうことがわかっています。

顕微鏡で観測していると、細菌叢《そう》みたいな、バクテリア叢《そう》みたいなものが多く出現している方の特徴として、歯の神経を一度抜いてしまって、そのまま歯の奥が空洞になって、それに詰め物をしている状態の人が、歯周病とか歯肉炎が悪化している。

歯から血中内に、口の中で発生した菌が入りこんでしまっている感じがします。

菌の種類によって、病原性が高いものも含まれていて、その菌の形状と種類によって、どこにがんが発生するのか、ある程度予測がつくみたいです。

甲斐 私の右の乳がんは、右の上の歯の歯根治療のせいだったとも言えるかもしれません。

詰め物が発がん性物質だったので、ナチュラルデンタルクリニックの佐藤先生が、無害なものに変えてくださいました。

それも大きかったと思います。

勢能 ギュンター・エンダーレイン博士の血液観察の書籍にも書かれているのですが、細菌類の形状がありまして、その叢が血中内に多く見られると、この形状は乳がんの危険性が高いとか、そういうのまでわかっているようです。

そのあたりも、相関関係が大分わかってきているみたいですね。

がん治療は、抗がん剤とか放射線治療とか、その他いろんな治療法、ホメオパシーもそうですし、民間療法だったり、代替療法も含めてあるとは思うのですけれども、まず口の中の環境をよくすることがすごく大事だなと思いました。

口から食道、胃、十二指腸、小腸、大腸と、結局、口が入り口じゃないですか。

口の中の菌があまりよくないと、確実に腸内細菌も悪くなるだろうし、歯肉炎だったり歯周病だったり、歯の神経を抜いて、そこに穴があいてしまっていると、そこからも血中に入ってしまいます。

言ってみたら大きいリーキーガット。腸の穴が口の中にもあると認識したら、腸より口の中は脳が近いですし、腸は、脳腸相関と言われるくらい脳と関係性が深いので、そういったところから漏れ出してしまった細菌は、生体内のソマチッドと反応して、有害性の働きをしてしまう可能性もありますね。

甲斐　脳で思い出しました。

香りの研究をされている野口裕也さんが、鼻から吸ったものが、脳に近いこともあって、脳に一番影響があると考えて、天然の香りを抽出して、活用されています。

公害で空気が汚れていることが、肺がんだけじゃなくて、脳にも影響があるだろうと思うので、空気、環境も大事ですね。

勢能 ものすごく大事だと思います。

私たちは、体というところにフォーカスが向かっていると思うんですけど、環境とも密接につながっています。

環境を浄化することが、自分の体の中を浄化することでもあります。

さっき、お掃除をすると心が整うというお話があったように、自分が身を置く環境がどんどんよくなれば、心も体も魂も浄化されてくるのではないかと思います。

いい環境をどんどんつくっていけたらいいですね。

甲斐 ネイティブアメリカンのように、7代先の子どもたちにまで、豊かな自然環境を残したいなと思います。

勢能 今、汚染されてしまっていますし、環境問題だったり、いろんな懸念材料があると思うのですけれども、それは人間の体の中にも起こっていることとだと思います。

そこで、ソマチッドを活用した技術を高めていくことが、問題解決につながる糸口だと私は思っていますので、これからも一緒に研究を深めていきましょう。

甲斐　よろしくお願いします。

勢能　私からお薦めのソマチッドは、ほとんど甲斐先生が言ってくださったんですけれども、岩盤浴とかサウナもすごくいい。

甲斐　そうだ、言い忘れていた。ラドン浴にも行きました。

勢能　ラドン鉱石の中にも、活性化したソマチッドが多く存在していますし、トロン鉱石の中にもすごく活性化したソマチッドがいる。

放射線が微弱に出ているので懸念されますが、人体に害のない程度に放射線を浴びると、エネルギーを体に充電することができます。

ガンマー線とかX線と一緒に、マイナスイオンとかプラスイオンも含めてイオン（電子）がバーッとすごく発生していますので、それがソマチッドの動力源になります。

甲斐 中島敏樹先生の実験でも、低線量ホルミシスで水が活性化すると言っていらっしゃいましたので、ソマチッド活性化とも言えると思います。

勢能 まさにそうですね。

サウナストーンで使われている鉱石だったり、セラミクスの原料には、自然とソマチッドが多い石が使われているんですね。

岩盤浴で見かけるSGEというのがあります。あれは天降石《てんこうせき》とか天照石《てんしょうせき》を原料にした石だと思うのですけれども、その石の中にもソマチッドが多く含まれています。

甲斐 器械で測っても、遠赤外線が出ていますね。

勢能 体にいいよと言われた薬石の中には、結構ソマチッドが多いので、そういうのを使って温熱療法をやったりしているサウナとか岩盤浴は、先人の知恵というか、それで温まったら体がよくなって、病気が治ったりということが多くあったんだと思うんです。

そういったところもソマチッドの技術だなと思いますね。

甲斐　私は佐伯市出身なんですけど、ニホンカモシカが生きていたころ、天照石は宇目でとれるんですが、天照石の洞穴にニホンカモシカが休んでいた。

動物は、自分の体にいいというのがわかるみたいですね。

勢能　人間も、そういう感性を持っているので、多分わかっているんじゃないかと思います。

野生動物のほうがより本能に忠実なので。野生人間というかね。

甲斐　特に女性ですね。女性はそういうのがわかる方が多いです。

勢能　自然派の生活をしている女性は、感度がすばらしいですね。

甲斐　自分の血液の中にソマチッドがふえることで、そういうことがわかるようになるというのがあると思います。

Chapter 8

ソマチッドは愛そのものであり、たくさんいる人の波動は高い!!

倍音が発生するときに松果体に宇宙ができる!?

勢能　よくマスターセルとか松果体、第3の目と言われている、直感力だったり、霊視をしたりする能力、ビジュアライゼーションの能力は、松果体が活性すると覚醒する、と言われています。

松果体だけじゃなく、胸腺や副腎や腸もそうだと思うんですけど、そこの部位は珪素が多いんですね。

そこにソマチッドが集まりやすいですし、そこからソマチッドが多く発生して、循環しているエネルギーがあると思うんです。

チャクラの近くというのは特に珪素が多くて、ソマチッドを吸収して、そこに多く蓄えておくことができる器官になっているのではないかと思います。

甲斐　本当にそう思います。

音楽をやってて、発声法を習うときに、姿勢を良くして、眉間の第3の目のところに響かせるように発声するんですけど、声を後ろから前にとか、音程も下から上に上がっていく。

あの発声自体がチャクラ活性法だと思うんです。

だから人間は音楽をしてきたんだと思ったし、そういうふうに最善のやり方で声を出すことがいいんだと、もともと教えてもらっていたんだなと気づきました。


勢能 マントラとかお経もそうだと思うんです。

あと、発声で歌を歌ったりとか、倍音を出すことですね。

その倍音の響きが宇宙の響きと共鳴する。

私もホーミーとかオームとかを唱えたりするのですが、倍音がバーッと発生したときに、自分の松果体に宇宙ができるんですよ。

なんか不思議な感覚です。

甲斐 何かとつながる感じがあるんです。

勢能 そのときは、すごくロングストロークな呼吸になっている。

勢能

倍音がバーッと発生したときに、自分の松果体に宇宙ができるんですよ。なんか不思議な感覚です。

甲斐

何かとつながる感じがあるんです。

勢能

そのときは、すごくロングストロークな呼吸になっている。

よく瞑想法とか気功で使われているような呼吸のリズム、ヨガでも使われている呼吸のリズムとシンクロしてくると思う。

そういった状態になると、変性意識が目覚めて、ソマチッドとアクセスできるようになってくるんです。

よく瞑想法とか気功で使われているような呼吸のリズム、ヨガでも使われている呼吸のリズムとシンクロしてくると思うんですけれども、そういった状態になると、変性意識が目覚めて、ソマチッドとアクセスできるようになってくるんです。

甲斐 わかります。

演奏しているときに、自分の世界に入っているというか、何かとつながって弾いているときは、すごくよく弾けるけど、人の評価を気にしたり、間違えたらどうしようとか、左脳優位になっていると、うまくできないんです。

その辺もわかってきた気がします。

勢能 松果体を活性化する上でも、ソマチッドをとることは結構大事になってきますね。さらに、目を瞑って朝日を額に浴びながら、発声をすると、最高です。松果体に光が届き、夜はメラトニンが出てよく眠れるようになり、免疫も上がります。

勢能

松果体を活性化する上でも、ソマチッドをとることは結構大事になってきますね。

私は、私がつくっているソマチッドの原液、ソマチッドがたくさん発生している原液をお水に入れて飲むようになって、直感力とか感覚がすごくよくなっていったんです。

松果体を活性化させることは、ソマチッドと通じるものがあります!

勢能　私は、私がつくっているソマチッドの原液、ソマチッドがたくさん発生している原液をお水に入れて飲むようになって、直感力とか感覚がすごくよくなっていったんです。

都市伝説的に、フッ素は松果体を石灰化させると言われているじゃないですか。

フッ素がいっぱい入った歯磨き粉で歯を磨いていたら、感覚がだんだん薄れてきている感じがするんです。

自分の中で自己催眠をかけてそうなっているのか、フッ素の影響でそうなっているのか、ちょっとわからないですが。

フッ素系の歯磨き粉をやめたら、また直感力が取り戻されてきたんですね。

甲斐　わかります。いいもの、悪いものが、自分の感覚としてはっきりわかるようになってきますね。

勢能　松果体を活性化させるというところは、ソマチッドと通じるものがある。ソマチッドを活性化させる、イコール、意識レベルを上げていく。

いい周波数、地球と共鳴する、宇宙と共鳴する。

そして、大いなる意思というか何というか、光のエネルギーと共鳴するところをどんどんやっていくと、そういった能力が活性してくるんじゃないかと感じました。

甲斐　本当にそう思います。

ソマチッドの愛が最強で、それ以上でもそれ以下でもない！

甲斐　勢能さんが、ソマチッドは光だと言われたことを含めて、ソマチッドは愛だということで、アインシュタインが、世の中の最強のエネルギーは愛なんだと言ったように、今の世の中でみんな武装して自己防衛して、それで世界がどんどん戦争に進んでいるのと全く逆の世界が、ソマチッドの愛の世界なんです。

だから、ソマチッドの愛が最強で、それ以上でも以下でもないんです。音で倍音を表現していくとしたら、ド、・ド、・ソ、：ド、：ミと上がっていくのですが（編注：「・」が1つで1オクターブ上という意味）、自然界は長調の音を出していて、それが愛のエネルギーとも言える。

世の中は、もともと愛しかなかったんだけれど、そこに人間の世界、人間だけでなく動物もそうかもしれないのですが、闇の部分をつくっていったという流れがある中で、ソマチッドはもともと愛のエネルギーで活性化する。愛のエネルギーそのものが物質化したものがソマチッドだったと思うんです。

それが、人のいろんな想念によってソマチッドの活性が落ちてきた。いろんな有害物質も吸着して、いろんな情報をソマチッドが取り入れてい

甲斐
音で倍音を表現していくとしたら、ド、ド、ソ、ド、ミと上がっていくのですが、自然界は長調の音を出していて、それが愛のエネルギーとも言える。
世の中は、もともと愛しかなかったんだけれど、闇の部分をつくっていったという流れがある中で、ソマチッドはもともと愛のエネルギーで活性化する。
愛のエネルギーそのものが物質化したものがソマチッドだったと思うんです。

って、現代ソマチッドになる。

古代エネルギーの純粋な愛のエネルギーから、何かいろんなものをくっつけたエネルギーのソマチッドになってきているのが、現代ソマチッドとも言えるのかなという気がします。

勢能 ソマチッドを浄化していけたらいいですね。

——ソマチッドの浄化って、どうするんですか。

勢能 愛のエネルギーが、そもそもソマチッドがいい状態の、発光する、光の粒の性質を持ってくれるので、地球上の意識レベルを愛の方向にシフトさせていくことがすごく大事です。

分断、支配、暴力ではなく、融和、共有、愛というような方向に人々の意識を変えていく。

そうすることによって、ソマチッド自体が本来の性質、愛のエネルギーに戻って、地球自体も人間自体も、環境がいい方向にシフトしていくということですね。

ソマチッドが宿っているところは、魂が宿っている!?

甲斐　これも言おうと思っていたことですが、なんでこの世に生まれてきたのかというと、魂の成長のためだと言っている人もいます。

肉体は肉体で物質的に輪廻転生《りんねてんしょう》していますけど、意識、魂というのは永遠にあって、胎児の記憶の話で言うと、胎児のときに上から見ていて、このお母さんとお父さんのところの子どもで、と望んで魂が入ってくるらしいです。

上空というのは地球を取り巻く宇宙なわけで、そこから魂が分かれて肉体に入ってきて、成長するために生まれてきた。

愛のエネルギーが強くなっていくと、振動数が上がって、波動が高くなる。

波動測定器で見るとわかりますね。

ソマチッドが活性化して元気に動いている人は波動が高いから、その状態

甲斐

ソマチッドが活性化して元気に動いている人は波動が高いから、その状態が魂の成長とも関係していると思っています。

ソマチッドが喜んで活性化して、振動数が上がって、そのことによって環境もきれいになるし、自分の魂の成長にもなるみたいな、そんな感じがします。

勢能

ソマチッドが宿っているところには、魂が宿っているんですね。

が魂の成長とも関係していると思っています。だから、喜ぶことをしなさい、自分を愛しなさいと言うんだと思うんですね。ソマチッドが喜んで活性化して、振動数が上がって、そのことによって環境もきれいになるし、自分の魂の成長にもなるみたいな、そんな感じがします。

勢能　ソマチッドが宿っているところには、魂が宿っているんですね。

私たちがこうやって人間として、霊長類と言われるように霊性を持って、精神を持っている。

霊的な能力を持っていると特別なもののように感じると思うんですけど、そういうわけでもなく、あらゆるものにそれが宿っている。

人間のそういう意識も、言ってみたらエネルギーの発生源であって、そのエネルギーの発生源がネガティブな方向に行けば、共鳴して全体がそうなってしまいます。

人間としての領域でできることとしては、私たちの意識をよりいいものに、よりいい状態で維持することができれば、周りの小さい微粒子たちも含め、生物・微生物も含め、全てに共鳴して、全てがいい働きにシフトしていくという認識ですね。

ソマチッドをたどれば、最後は「温泉」に至る⁉

――話し足りないことはないですか。

甲斐　温泉のことを話してないような気がします。

2人とも、最終的に温泉にたどり着いたじゃないですか。

勢能　温泉の話をしましょうか。

甲斐　私はＢＪ先生から点滴のやり方を習ったけど、医師じゃないので、点滴ができない。

何とかして体の中に同じ効果をもたらす方法はないかなと、ずっと探していたんです。

飲むというのでもいいんですけれども、一生飲み続けるわけにもいかない。

そう考えたときに、温泉は皮膚から吸収されるし、温熱療法にもなるし、蒸気で気道からも吸えるし、まず値段が安い。

例えば別府だと200円で入れるので、毎日入っている人たちはいいなと思うわけです。

毎日、古代ソマチッドを体内に取り入れているという生活習慣がすばらしい。実際に温泉に毎日来ている人たちは、肌がとてもきれいなんです。

ベルリンにいたときに、ドイツでは温泉を中心としたまちづくりをやっていました。

私は看護師として病院で働いていましたが、病院自体が患者さんにとってすごくストレスだし、スタッフにとってもストレスだし、非日常的な空間すぎる、長続きはできないというところがあったときに、ドイツのクアオルトに行って、とてもよかったんです。

毎日温泉で癒やされるというベースがあって、散歩できるすてきな公園があって、映画館があって、音楽館があって、すてきなブティックがあってと、

甲斐

温泉は皮膚から吸収されるし、温熱療法にもなるし、蒸気で気道からも吸えるし、まず値段が安い。

毎日、古代ソマチッドを体内に取り入れているという生活習慣がすばらしい。実際に温泉に毎日来ている人たちは、肌がとてもきれいなんです。

人間が楽しんで生活しているうちに病気が治っちゃう場所があちこちにある。

そういう場所を日本にもつくりたいなとすごく思って、勢能さんにその話をしたら、意気投合して、ぜひやっていきましょうとなったんですね。

私たちは、1カ所でずっとやるのは大変だ、場所代もかかる、ジプシーみたいにいい温泉を紹介していくという意味も含めて、ソマチッドフェスタを各地でやっていきましょうという話になったんですね。

勢能 日本中、調査していくと、特に日本の温泉はソマチッドの保有量が多いですね。

これだけ豊かなソマチッドの温泉が湧いているのだから、それを活用しない手はないですね。

甲斐 本当にそうです。古代ソマチッドですし、しかも温熱療法も同時にできる。

勢能 日本は、昔は湯治というのが結構盛んで、病気したり、けがしたりしたら、地熱の温浴施設で、畳の上で温泉卵を食べながらゆっくり療養して体を治すというのが結構あったんです。

ドイツのクアオルトみたいに、運動できる場所があったり、ブティックがあったり、開放的なハイキングコースがあったりする。

そういったものは、一応日本にもちょこちょこはあると思うんです。

例えば大分だと、長湯温泉でしたか。

甲斐 長湯温泉にあります。クアオルトを目指して、つくっています。

勢能 そういった施設があったり、あとは、ホテルのオーナーさんに理解があって、お湯の中でウォーキングができるような深いお風呂があったりとか、いろんな施設があると思うんですけども、まだ医療と連動しているところは少ないですね。

甲斐 そうなんです。

長湯温泉に確かにあるんですけれども、私が欲しい場所というのは、西洋医療も代替療法も、どっちも同じ場所で受けられるところ。

よくがんの患者さんで、あの治療法がいいと聞いたら、東京まで出てとか、ウロウロしている間に亡くなっていく方が結構いて、1カ所で全部受けられる場所があればいいのになとずっと思っていたんです。

それをクアオルトとしてつくることができたらいいなということと、あと、ドイツではそれに保険がきくので、1泊2000円くらいで泊まれるシステムがあるんです。

ドクターが処方すると、3週間以上、3カ月くらいいる方もいます。

そのシステムさえあれば、温泉文化ももっと日本で広まると思いますし、皆さんもゆっくりできると思います。

高齢者の施設をいっぱいつくらなくても、1カ所、クアオルト的な場所をつくれば、ゆっくりできる方もいらっしゃるのではないかと思うんです。

勢能　まさにそうだと思います。

今、私が目指すところとしては、温泉地にシェルターみたいな機能を持つものができたらと思っています。

オーナーさんたちがたくさんいて、ふだんは宿泊施設として利用できる。

そこには温泉、ハイキングコースがあったり、一般的なクアオルト的な施設はもちろんなんですけれども、介護施設だったり、あとは医療施設も近くに併設されているような、行楽地みたいなところをつくりたいというのが理想ですね。

足が不自由で動けない、介護を必要とする高齢者の方がそこのシェルターに入ったときに、お孫さんとかご家族が全然会いに来てくれなかったら寂しいじゃないですか。

だけど、そこにスパがあって、温浴施設があって、スパリゾートハワイアンズみたいにプールがあったり、子どもたちがワイワイ楽しめ、テーマパークみたいな施設があったりしたら、そこに遊びに来た流れでおじいちゃん、おばあちゃんにも会える。

そういうところで療養できたら、すごく気がよくなるんじゃないかと思うんです。

甲斐　本当にそのとおりです。みんなそれを理想としていますね。

最期は病院で迎えるのではなくて、自宅で亡くなるのはもっといいですけど、楽しんで過ごしているうちにという場所があるのが一番いいような気がします。

勢能　病室に入院するよりは、リゾートホテルの客室みたいなところで療養できたらよりいいなと思いますし、治療を受けながら、温泉に入ったりとか、岩盤浴に入れたり、サウナに入れたり、楽しみながら、気持ちよく治療ができたらと思っています。

甲斐　それがスタッフの癒やしにもなると思います。そこが大事です。

勢能　疲弊してしまったスタッフさんたちがたくさんいるとなると、ネガティブなバイアスが働きやすくなると思うんですね。人は、どうしても人と共鳴してしまいますし、意識も同じ方向に向かっていく、写し鏡のようなところがありますので。皆さんが楽しんでいる場所で、楽しみながら治療ができる温浴施設をつくることができたら、本当に理想ですね。

かつ、そこでは地熱発電ができて、もし大きい災害が起こったとしても、外部からのエネルギーがダウンしてしまっても、そこのシェルターの一角は電気が使える。

地熱だけではなく温泉もあるので、お風呂に入ったり、下水の処理も温泉水で賄《まかな》えるような状態だったら、より理想的ですね。

甲斐　お水さえ湧いていれば、何の問題もないですね。

勢能　私たちの将来の目標としては、そういった施設を、仲間たちと一緒につくっていくというのがあります。

でも、そういうところをつくるとなると、何十億、何百億円というお金がかかるので、まずは今ある施設から利用させていただいて、理想とする将来のビジョンを共有していって、皆さんの意識の中にそういったビジョンが生まれていったら、思考は現実化する。

多くの協力者、多くの仲間たちがあらわれて、いつかそれがなし遂げられるんじゃないかと期待を持っています。

甲斐　本当にそうですね。楽しみです。

勢能　ソマチッドが特に多くてお薦めの温泉はありますか。

甲斐　別府で言うと、鉱泥《こうでい》温泉。泥パックみたいなものですね。ソマチッドが多かったです。

あと、勢能さんに見せていただいて気づいたんですけど、青湯もソマチッドがすごかったですね。

動画　**大分別府　青湯　ソマチッド影像**

珪素が多いと青い色になるんですけど、別府とか由布院でも何カ所かあって、珪素が多いという視点では見ていたんですけど、顕微鏡で実際に見てソマチッドがすごい量だったので、やっぱり多かったんだと思いました。

勢能　青湯、多いですね。青湯のほうが、珪素がコロイドになっているので、よりソマチッドが発生しているという印象でしたね。

甲斐 長湯温泉は、まだはっきりわかってないところがあるんです。

長湯温泉は炭酸がいっぱい湧くじゃないですか。

炭酸が湧くとソマチッドが喜ぶのはなぜか。

重曹とクエン酸を混ぜたら炭酸水になるので、関係しているのかなと思ったりもするのです。

勢能 多分、炭酸ガスがお水の中に溶け込んでいると、還元力というか、中性の状態が強まるので、ソマチッドが喜びやすいのかなというのはありますね。

でも、あまり強い炭酸は、ソマチッドが殻をかぶっちゃう感じがしましたね。

あと、私がお薦めするとしたら、何といっても奥飛騨ガーデンホテル焼岳のうぐいすの湯。

とてもいいですね。ソマチッドがたくさんいます。

動画　奥飛騨ガーデンホテル焼岳

あの周辺もソマチッドが湧いている温泉が幾つかあるなという感じがします。

乳白色のお湯だったり、にごり湯みたいな温泉はすごくソマチッドが多いですね。

霧島観光ホテルの単純泉と言われる泉質も、ソマチッドがすごく多かったです。

多分日本全国、いろんなところでソマチッド泉が湧いていますね。

甲斐　私たちが知らないだけで、いっぱいありますね。

勢能　草津はソマチッド泉ですね。

甲斐　草津の温泉で新型コロナが99%死滅したと実験で出ていました。

勢能　温泉水の働きをうまく使って、アルコール除菌とかそういうのではなく、自然な形でウイルス対策、感染症対策ができたらと思いますね。

温泉水だったら、幾らでも湧いているから、ただじゃないですか。

奥飛騨ガーデンホテルの温泉水もウイルスにすごく強くて、ネコカリシウイルス（ノロウイルス）とかインフルエンザウイルスとか、あらゆるウイルスもそうです。

ただ吸水ポリマーに温泉水をバーッと注ぎ込んで、空気中に気化させるだけでも、空間のウイルス発生率をものすごく下げられるので、うまく活用してやっていけたらと思います。

あと、何かお話ししたいことはありますか。

甲斐　もう全部言いました。ありがとうございました。

（了）

特別鼎談

石田清一氏
（奥飛騨ガーデンホテル焼岳代表取締役会長）
勢能幸太郎氏
甲斐さおり氏

於・奥飛騨ガーデンホテル焼岳

本稿は、2022年９月26日（月）に開催された書籍『ソマチッドが超活性している！』出版記念セミナーに加筆・修正したものです。

勢能幸太郎氏（以下、勢能） 私は、2年ほど前、「奥飛騨にすごい温泉があるんだよ」というお話を知人から聞き、「ぜひ行ってみたいです。調査させてください。顕微鏡で温泉水を見させてください」と言ったのがご縁で、石田会長につないでいただきました。

石田会長と初めてお会いしたときに、ちょうどコロナ禍が始まったばかりで、ホテルも緊急事態宣言で、たしか宿泊をお止《や》めになった時期ですね。

石田清一氏（以下、石田） 日本第1号ですね。

勢能 お止めになっているときに、特別にご招待していただき、宿泊させていただきました。とてもいい温泉で、すごくくつろげた。それがまず1つ、すごくいい思い出として残っています。

私が一番強烈に覚えているのは、皆さんもお部屋やお手洗いに行っていただくとわかると思いますが、ここのホテルの中には、謎《なぞ》の器がたくさん置いてあるんです。何だろうとよく見ると温泉水を含んだ吸水ポリマーが入っていて、この温泉水を気化させると、インフルエンザウイルス、ネコカリシウイルスといった空間のウイルスや悪性の菌などを浄化する。無害化してしまう。かつ、いい菌はそのまま残す。そういったことを石田会長から教えていただいて、これは今の時代に一番必要なものだと私は感じたんですね。

　皆さんはアビギャ・アナンド君ってご存じですか。インドの天才占星術師と言われている方で、未来の予言をしています。まさにコロナ・パンデミックを予言した存在なんですね。

　そのアナンド君が、「スーパーバグが近い将来に発生するよ」と言っていたんです。スーパーバグって一体何かというと、殺菌したりする抗生物質に対し高耐性を持った、要するに強くなったバクテリアやウイルスのことです。それがたくさん増えてしまうよという予言をされていたんです。それを聞い

「奥飛騨ガーデンホテル焼岳」各部屋に配置された濃縮＆静電交流温泉水の吸水ポリマー

たときに、私ははっと気づかされました。

よくお店の前とかいろんなところに、シュシュシュッとやるのがあります。あれをやって、手を傷めていらっしゃる方が周りにたくさんいました。この温泉水があったら、全て解決しちゃうじゃないかと思ったんです。

なので、この温泉水を広めたいという思いから、いろんな方をおつなぎしようと思いました。ヒカルランドの石井社長というのは実はソマチッドの情報を日本に初めて持ってきてくださった第一人者なんですね。なので、このお2人をおつなぎしたら、おもしろいことが起こるんじゃないかという直感があり、こちらの『ソマチッドが超活性している！』という書籍が出版されました。

本当にご縁があって、ありがとうございます。

石田　こちらこそ。

勢能　温泉水をさっと器に注ぐだけで、空間が完全に除菌というか、ウイルスが不活性化してしまうということですね。

石田　吸収ポリマーの入った器の中に温泉水を入れると、硬くなる。硬くなったら、指で表面をかき混ぜる。それで外気に当たると断面が広くなるので、こんな小さなものでも、大体10畳間以上の部屋でも完璧に菌を殺せる。それを各部屋に置いています。おかげさまで、私どもの従業員でコロナにかかった人は一人もおりません。

勢能　すばらしいですね。

石田　でも、私たち家族はかかりました（笑）。

勢能　持っていらっしゃる方と濃厚接触してしまったんですね。

石田　私は免疫抑制剤を飲んでいるものですから、友達が岐阜大学の医師なんですけども、「おまえ、かかったら死ぬでな」と言われてました。

ある朝、コロナ検査キットで調べてみたら、線が2本出た。これはあかんなと思って、飛騨高山にある病院に行く前に、先ほどの医師の友人に、「僕は今、コロナの陰性になったで。高山に行くから頼むな」と言ってから、行きました。

そしたら、その病院は重症患者を入れてくれないんで、他の病院に転送するということになった。そんなところに行きたくないから、ここでいいと頑張ったら、なんと、SARSの隔離部屋に入れられた。「何で俺ひとり、こんなところにおらないかんのだ」と。

笑い話なんですけど、酸素の濃度は大体95なんですけど、私は無呼吸症候群ですから、寝ると息が止まる。80を切るので、ナースセンターでバーッと発光する。そうすると、看護師が飛んできて、「石田さん、生きてますか」「生きてますよ」と。

友達というのはいいものですね。まだコロナ患者用の点滴に入れる薬が高山になかったころに、わざわざ名古屋から送っていただいて、点滴と赤い薬を飛騨で一番初めに飲ませていただいた。3日もすればころっと治るんですね。あれは不思議です。それで帰りたいと言っても、なかなか帰らせてもらえない。そのまま10日間おったんです。

とはいえうちの家族がかかっただけで、従業員は誰ひとりかかっておりません。そういうすばらしい温泉です。

勢能　では、ソマチッドが一体どんなものなのか。皆さん、知っている方もいらっしゃいますし、ご存じでない方もいらっしゃると思うので、あらためて私と甲斐先生から、ソマチッドについてお話しさせていただきます。

（映像を示して）実はこれは、先ほど私が指先からほんの1滴だけ、自分の体液を抽出して、顕微鏡でのぞいている状態です。

これはイポナコロジーと言われる特殊な顕微鏡で、位相差顕微鏡というタイプです。通常の位相差顕微鏡ではソマチッドはあまり見られないのですが、こちらは特殊なＬＥＤのライトの屈折を利用して、ソマチッドを観測するのに適した顕微鏡になっております。

こちらの顕微鏡の中を見ていただくと、丸いのが赤血球です。その周りに小さい粒が振動しているのが見えますか。私のソマチッドが元気過ぎて、かつ細かいので、ちょっと見づらいのですが、スクロールしていくと、ちょっと大きいのもいるかと思うので、見ていきます。採取してから、大分時間がたってしまっていますが、ここにいるのがわかりますか。これがソマチッドと呼ばれる存在です。このソマチッドが私たちの体の中で働いてくれていまして、免疫細胞のもとになったり、赤血球のもとになったり、動植物の恒常性維持機能や免疫機能系を司っている存在と言われています。ソマチッドの営みが正常であれば元気、ソマチッドの営みが不活性になってしまって、塊や異物になってしまうと、病気になっているということを発見されたすばらしい研究者の方がいらっしゃいます。フランス生まれの生物学者のガストン・ネサンという方です。その方が命名したのがソマチッドで、こういった小さい微粒子のことを、私たちはソマチッドと呼ぶようになりました。

甲斐さおり氏（以下、甲斐） 私はソマチッドのことをフィリピンにいたＢＪ先生から習ったんですけど、その先生は患者さんにソマチッドの点滴をして治すことをされていました。

飲んでいるだけでは、日々ちょっとしか変わらない。温泉に入っても変化がちょっとしかわからないのですけど、点滴すると一晩で効果がわかる。高熱が出るんですが、翌朝には熱も下がり皮膚がきれいになって若返っているというミラクルな点滴だったんです。そのように、ソマチッドには「もとに戻す」力があって、その人の本来の情報を読み取って、その人の本来の状態に持っていってくれる。

古代ソマチッドと現代ソマチッドがあって、現代のソマチッドは水で汚れたりしていろんな情報をもらっている。できるだけ純粋な古代のソマチッドにそういう力があるのですけど、こちらの温泉は3億6000年前の地層から出ているということで、本当にいいソマチッドで、ハイパフォーマンスな古代ソマチッドです。同じソマチッドでも、良質なソマチッドがこの温泉に湧き出ているということで、とても貴重な温泉です。

勢能 皆さん、ソマチッドなら何でもいいように感じてしまうと思うんですが、実はそうではなくて、特に古代ソマチッドと言われる、情報をあまり持っていないソマチッドがより有用性が高いです。

極微の存在というのは、コロイド粒子と言われていまして、その粒子は、熱の影響を受ける分子の働きでブラウン運動と言われる振動をしています。特に古代ソマチッドはすごく活発に振動している。ソマチッドとブラウン運動をしている小さいコロイドは分けることができまして、ソマチッドは基本的に生体内の共生微生物とも言われていますので、変異していきます。温泉の中にいるソマチッドも、実は変異するんですね。どういう形に変異していくかというと、実は湯の花なんですよ。

ホテルの入口に、温泉の湯の花がびっしりこびりついた大きい石の塊が置いてありましたが、あれは実はソマチッドの塊だったんですね。

もちろん温泉水の中にもたくさんソマチッドがいるんですけれども、先日、石田会長から、粉末にした、すごく細かい粒子の、湯の花を砕いたものをいただいて、顕微鏡で見たところ、すごいソマチッドが入っていました。

ソマチッドが湧いて出てきたときに、酸素に触れて、眠りについて堆積し

てしまったものが古代ソマチッドの層になって、湯の花として存在していま
す。

甲斐　私はがん患者だったんですが、がん患者のサポートもずっとしていま
す。代替療法では、血液をアルカリに保つことで治療するのですけれども、
こちらの温泉はアルカリ性で、古代ソマチッドもあるのですから、本当にミ
ラクルな温泉だなと思っています。

難しい治療ではなくて、ただここに入っていればいい。食事でも、発がん
性物質をとらなければいい。食事もいつもごちそうで、ありがとうございま
す。療養施設としてすごくいいと思っています。

さっき、コロナの話が出ましたが、今、コロナの隔離って、ホテルに閉じ
込めているだけなんです。第1回ソマチッドフェスタを開催した、別府にあ
る杜の湯リゾートというところでソマチッド検査をしたんですけど、その後、
なんと、そちらがコロナの療養施設になりました。私は看護師をしていたん
ですが、スタッフが温泉に入れるという、すばらしい療養施設だったんです。

病院は疲弊して、スタッフがみんな病気になっている。医療現場は過酷なんです。ドイツにあるクアオルトのように、スタッフも癒やされて、患者さんも癒やされる。ホテルを療養施設にできたら、一番いいと思います。

石田 私のところは、ソマチッドが自然にたくさんあります。これを授かったのは、日ごろの行いの結果かなと自負しております(笑)。

こういういいもので、別に注射を打つわけでもない。何もしなくても治っていく。

山田邦子さんというタレントをご存じでしょう。彼女はテレビ番組の企画で癌が見つかりまして、手術をしました。その後、年に数回、当館へお越しいただき温泉療養されました。手術から5年後に、最後の赤坂プリンスホテルで300名を招待して、彼女の誕生日パーティが開催されました。私もご招待いただき、多くの著名人がいる中で壇上に呼ばれ、「私の人生を救ってくれた人」ということでご紹介いただきました。大変名誉なことです。今でも山田邦子さんはお忙しい中、暇を見つけて奥飛驒にお越しいただいています。

勢能　先日、すっぽんを堪能いたしました。あれもすごく元気がみなぎっていくような形で、すっぽんとも相性がいいですね。上質なタンパク質を摂取しながら体を温めて、ソマチッドたっぷりのお湯につかる。

しかも、皆さんの体内にもソマチッドがたくさんいるんですね。それが、例えば電磁波の影響だったり、ネガティブな考え方だったり、そういったものでノイズが発生してしまうと、ソマチッドが乱れます。それが、今の現代医療で苦手としているトップ3、がん、心筋梗塞《こうそく》、脳梗塞という3大疾病と言われる病気の大もとになっているのではないかと私は考えております。

特にそういった病気の方は、すばらしいソマチッドが溢《あふ》れている温泉につかりますと、体内のソマチッドが共鳴共振して、徐々に殻から出ていって、小さい粒子、コロイドの状態になります。

悪くなると、殻に閉じこもって、大きい塊になります。異物になるんですね。それが体内に出てしまったら、毛細血管を詰まらせてしまったり、血栓になってしまう。それがとても怖いんですね。

なので、こちらに来ていただいて、いいお水、いい温泉水、いい食事、あとキャビアもあります。コラーゲンたっぷりな食事です。そういったものを食べていくと、徐々に体の内側からソマチッドが元気になっていって、よみがえっていく。まさによみがえりスポットですね。

石田　ありがとうございます。実は昨年、私は大腸検査をしたんです。そしたら、なかなか奥まで入っていかない。次にレントゲンで見たら、8ミリのポリープがありまして、がんかな、良性か悪性かということで、そのときに勢能さんからいただいたソマチッドの塊みたいなものを温泉水の中に2滴くらい入れた。20日後に手術をやるということで行ったら、先生が「あれっ？8ミリのやつがおらぬ。どこに行ったんや」と言うわけです。俺に聞いたってわからんわね。何やかんやしているうちに、何とそれが20日間で4ミリまで小さくなっていました。

それを取るか、記念に残すかという話になったんだけど、せっかくここまでやったんで、取らなあきまへんやろということで、ヒューッと引っ張って、プチンと切った。その後、ホチキスでバーンとやると、それがドーンと響くんですよ。あとはちょっとおかしな細胞を取るくらいで大丈夫です。

勢能 すごくきれいになられたんですね。写真が掲載されていますね。

石田 本当は腹の内はみんなに見せたくないんだけど（笑）、内緒で載っておりますので。

勢能 ポリープが小さくなっていくさまを写真に収めたものが本に載っていますので、ぜひ見ていただけたらと思います。

石田 それともう1つ、余分なことなんで、勢能さんには申し訳ないんですけど、髪の毛の生え方が違う（笑）。一番目立ったのは中京テレビの岐阜の牧野支社長さんで、髪の毛が本当に何もなかった。ところが、風呂上がりにグリーン色のうぐいすの湯を毎日かけておったら、半年でバーッと産毛が出てきた。これ、奇跡やなという話になった。今はしっかり黒くなって、あのころの面影はありません。

勢能 私も一生懸命励みます（笑）。

お肌に関しては、大変スベスベになって、とてもきれいになってきました。

石田 最後に副作用の話をします。これね、風呂に入って毎日やっているものですから、指紋はあるんやけど、ツルツルで、1万円札が数えられないんです（笑）。これが唯一の副作用かなと思うんです。

勢能 本当にすばらしい温泉水ですね。

甲斐 本を読んでいて、すごいと思ったので、お伝えしたかったんですけど、生命はどうやって誕生するか、すごく興味がありました。NASAが惑星を調べるときに、水があった痕跡があると生命がいる可能性があるということで、水があれば生命が誕生する。水だけで生命が誕生するのかというところをすごく突き詰めていたんです。

マグマが海底で噴き出したところで生命が生まれると言われていたので、ソマチッドと水と温度があれば生命は誕生するのかなと思っていたんです。だけど、太陽の光に当たることでシアノバクテリアが生まれたということとなんです。海底の暗いところではなくて、日の当たるところで、かつマグマが噴き出したところで生命が誕生したとわかったんですよ。すごいと思いました。

石田　奥飛驒は本当にすばらしいところでございます。

すごいのは、例えばヨーロッパとかどこでもそうなんですけれども、同じ地層が5キロとか10キロ続くんです。ところがここは10メートル離れると地層が違うんです。

ここのホテルの地下は100メートルで岩盤に着くんですけど、100メートル隣で掘っているところは、600メートルも下に行ったけれども、まだ岩盤に着かない。当ホテルの向かい側に1メートル以上の大きな断層がありまして、日本でも大変珍しい断層があるんです。断層があって、当ホテルの下をくぐって、そこら辺でズボンと1000メートル以上落ちているという、ひっくり返ったようなすごい地層でございます。

ソマチッドの入った温泉というのは、大変貴重でここにしかない。あとは火山性の温泉で、硫黄とか金属製のものがたくさん入っておって、飲んだりできない。この温泉水は、うちの嫁が「あんた、それだけ飲んで死んだらどうするの？」とよく言うんだけど、自分のところの温泉に自信を持たなきゃいかぬ。当ホテルの温泉は、人体に有害な物質はまったく入っておらず、私は22年間毎日飲んでいます。

勢能　積み重ねてきた頑張りが本当にすばらしいと思うんですけど、温泉だけではなくて、さらに静電交流を入れてみたりとか、素粒子エネルギーを入れてみたりとか、すごくいろんなアップデートをしていらっしゃるじゃないですか。

特に私がすごく興味を持っているのが、素粒子エネルギー注入技術を研究・開発されている浅井敏雄氏が手がけた、素粒子エネルギーを作り出す大きい装置が地下にあるんですね。

石田　あるんです。秘密工場にあります。例えば、素粒子の発生装置って、すぐそこに神岡鉱山がありまして、小柴昌俊先生が、素粒子が通ると電源がポンと飛ぶ、そういうのをつくられてノーベル賞をいただいたんですけども、私のところは、最初はこんな小さなカバンの中に電源があって、プラスとマイナスがあります。池をつくって、マイナスから素粒子が出ます。４兆個でモノが変わっていく。これまた摩訶不思議で、岐阜大学の教授でさえクエスチョンなんです。

浅井さんも、変わった方で、新しくつくると、すぐ送ってくれる。まだ試してないですけれども、がんになったら、プラスを口にくわえて、マイナスを肛門に入れるという機械を２つほどもらったんやけど、ちょっとまだそこまでの趣味がないんで（笑）、まだ使ってない。新品でございます。

勢能　実は素粒子エネルギーが発生する大もとの部分の基板を石井社長が譲り受けることができまして、それも製品化しないかということで、いろいろやりとりさせていただいていたんですね。その中ででき上がってきたものが、デザインがあまりよくなかったので、石井社長にご相談したら、すてきなデザインでつくっていただいたんです。小型化することにも成功しました。ヒーリンゴジェネレーターという形で製品化させていただいて、石田会長にも1つ贈らせていただいた。あれが小型バージョンなんです。それの大きいものが、石田会長のホテルの地下にありまして、静電交流と素粒子エネルギーをずっと入れている状態ですね。

石田　最初は学生カバンのような小さなもので、今は集大成がバケツです。最初のころは電源を入れて使っていたんだけど、今は電源を使用せず、バケツ1個です。そのバケツから線が2本出ていて、プラスとマイナスで、マイナスから1分間に4兆個の素粒子を放出している状態なんです。

勢能　すごいですね。バケツの中にもソマチッドをたくさん入れて、つくっていらっしゃいましたね。

石田　僕が最初に浅井先生にお会いしたときに、研究室に入れていただいた。「ソマチッドとは何や」と問いかけたけど、一番肝心なところは教えてくれませんでした。

先生は富山出身の方なんです。アメリカへ行って、コロラド大学で素粒子の研究をずっとされて、日本へ帰ってくるときに手土産として持ってきて広めた。

最初は全然わからなかった。

先生のやり方というのは普通の人が見たってわかりません。

昨日、ヒカルランドのご一行様には日本酒をお出ししたんですけれども、素粒子を3日ほどかけると、100年醸造したのと同じような状態になります。僕は、酒と女性には弱いものですから、酒は飲まないのですが、この素粒子のかかった酒は飲めるんです。

勢能　とてもまろやかになりますね。あと、アルコールの臭みみたいなものが全くなくて、すごくおいしい。日本酒のお米の味というのですか、甘いお米の味がスーッと入ってきて、体に染み渡るような味わいでした。

石田　一番すごいのは、例えば日本酒というのは氷を入れたら渋くなって、まずくなるでしょう。ところが素粒子のかかった酒は、ロックで飲んでもおいしいんですよ。日本酒からリキュールに変わって、酒が百薬の長になるということなんです。

勢能　こちらが個人やご家庭でお使いいただけるヒーリンゴジェネレーターです（P264参照）。中に素粒子エネルギーが発生する基板が入っていまして、ここにUSBを差し込むことによって、プラスとマイナスの電気が交流する仕組みになっています。

あと、こちらにチャームがついていまして、フラワーオブライフと言われる、神聖幾何学の模様が、エネルギーを増幅すると言われています。そのチャームから、エネルギーがプラスとマイナスで両方出ていますので、これを胸元につけていただいたり、これをコップなどにかざしたりすることによって、素粒子のエネルギーを転写することができます。大きい施設を持たなくても、こちらで、いつでもどこでも、気軽な形で素粒子の恩恵が得られるアイテムになっておりますので、ぜひよろしくお願いいたします。

甲斐　フラワーオブライフが出たので、それに関連して。

私は音楽家でもあるので、音でモノを見ているのですけど、周波数でいうと、ドの音に聞こえる音があるのですが、それを1オクターブ下げるには、2で割っていくんです。そうするとやがて8にたどり着いて、8が地球の周波数と言われている。地球はドの音を奏でていて、それに人間が共鳴するように音楽が存在するんだな、人間を整えるという意味だなと。

それと、私も中島敏樹先生も、ソマチッドの最小形態が、水と珪素のコロイド粒子ではないかと思っています。水晶は珪素と酸素でできているのですけど、水と珪素のコロイド粒子から水素が飛んでいっちゃったから、水晶になると思っています。8だけをずっと掛けていくと、やがて3万2768になるんですけど、これが水晶振動子の振動数になっている。水晶振動子の振動から時間というのをつくっているんですけれども、その周波数が音楽と関係している。とにかく音楽と鉱物が共鳴する周波数になっているということなんです。

ソマチッドも、恐らくどこかの周波数にいる。私たちが画面で見て、チラチラと動いているのが振動数とすれば、多分どこかの周波数で一緒に共鳴しているんだろうなと思うのです。だから音楽を聞かせることによって、とても共鳴がよくなるという感じがします。

例えば、Rana の歌を聞いた血液のソマチッドが活性化されるとか。クリスタルボウルを演奏したときに、振動数が合うとモノがバババッと振動したりするじゃないですか。あんな感じで、お水とかソマチッドも活性化する。そういうことが人間の体の中でも起こっていると思っています。

なので、人間には音楽が必要と思いますし、音楽だけじゃなくて、踊ったりすることで、体に振動も与える。歩くのがいいというのも、そういうことの1つだと思っています。そもそも心臓がずっとリズムを刻んでいる。呼吸もそうですけど、振動がソマチッドの活性化にもすごくいいと思っていて、それが生きていることと思っています。

勢能　この後、甲斐さおり先生とRanaさんの歌も披露していただけます。ぜひ皆さんの体の中のソマチッドに共鳴する歌声として、演奏として、どうぞよろしくお願いします。

先ほど、ＫＮＯＢさんがディジュリドゥを吹いて、倍音が出てきましたね。私がその直前にソマチッドを観測するように画面に映させていただいたんですけど、よく見ていたら、ＫＮＯＢさんが奏でる音にソマチッドが共鳴していました。増えたり減ったり、表に出てきたり、バーッと流れたり、音の状態によってすごく変化していたので、ソマチッドは音と共鳴しています。

今日は特別な演奏がありますので、奥飛騨ガーデンホテル焼岳全体に響き渡る音で、皆さんのソマチッドが活性したらいいなと思っております。

石田　最後に、マル秘資料をあまり説明せずに申し訳なかったんですけど、実はこの温泉水は殺ウイルス効果が非常に高く、ウイルスを殺します。今まで皆さんが使っておるのはアルコールで、アルコールはあっという間に飛んでしまいます。次亜塩素酸ソーダは体に悪いと言われています。

この温泉水は、時間が経てば余計に殺ウイルス効果が高くなります。コロナウイルスに効くというエビデンスはまだありませんが、インフルエンザA型やネコカリシウイルス（ノロウイルス）に対する殺ウイルス効果によって、10分くらいで1万分の1にまで減らすというエビデンスが出ており、非常に珍しいものでございます。

勢能　もしよかったら、リアルタイムで、この中のソマチッドを観測してみませんか。

（映像）今、私の血液からソマチッドに共鳴します。なぜこういうことが起こるか。ソマチッドは、細かければ細かいほど、いいと言われています。塊になればなるほど、よくないと言われています。皆さんに見ていただいたように、細かいソマチッドがこんなに出ているんです。これが、このミストの1吹きの中にいるソマチッドです。これだけたくさんの量のソマチッドが存在していますので、ウイルスはひと溜まりもないんですね。

ところどころ、少し変異しているソマチッドがいるんですけれども、全体的にはすごく細かいソマチッドです。

実際に皆さんにリアルタイムで、生で見ていただいたので、わかりやすいですね。これだけおびただしい数のソマチッドがいる。

甲斐　今、医療は滅菌、殺菌にのほうに行っているのですが、いい菌を育てて、悪い菌だけ減らしていけば一番いいわけです。新しい医療の形として、ここのホテルがその医療施設みたいになっていったらいいなと思います。

石田　とにかく皮膚にはすごくいいです。水虫とかアトピーとか帯状疱疹《ほうしん》、私が効くと言ったらいけないので、効いた人がたくさんおります、と（笑）。私はもうじき70歳になるんですけど、70歳にしては、自分の肌はきれいだと思いながら、これが心やと思っております。

甲斐　私は新しい医療を始めたいと思うんですが、資金がないので、どこかで始めてみて、先駆的な場所をつくることができれば自ずと周りが動いていくと思うんです。

岐阜の中にもう1つ、リボーン洞戸《ほらど》という、がんの患者さんが手術の後、再発するかしないかは、生き方を変えたかどうかに関わるということで、生き方を変えようという施設をつくっている先生がいるので、そこと、おつなぎしたいなと思います。新しい医療の形が発展したらいいなと思います。

石田　自分で言うのもなんですけれども、世の中の人のためにも、こうやって皆さんに喜んでいただいて、うちの温泉をこよなく愛していただければありがたいなと思っております。

勢能　愛のエネルギーはソマチッドに共鳴しますからね。

勢能　この会を終了する前に、私が奥飛驒に来れたのも、浅井社長、中川サチコさんのご縁があってこそです。ぜひお2人にもお言葉をいただきたいのですけれども、よろしいでしょうか。

中川サチコ氏　皆さん、こんにちは。

勢能さんとは、ある会で出逢いました。霊感の高い方だと直感し、後日、2人でお会いしました。会うや否や、突然、勢能さんの脳裏に私が、7年前から4年間、京都の眞名井《まない》神社の立て替え、立て直し遷座まつりをさせていただきたいと、日本中を必死になって祈りながら、駆けずり回っている姿がはっきりと映り、感激されて、ポロポロと涙を流してくださいました。

大変なご苦労様をされましたね……神々様は大変喜ばれ、中川さんに感謝を伝えてほしいとおっしゃられています。本当に素晴らしいことをされましたね、と。私は、有り難くて有り難くて、感激で心が震えました。

それから勢能さんとのお付き合いが始まり、ソマチッドを研究し、商品化されていることをうかがったので、私の友人で神様を信じ活躍されている浅井さんを紹介しましたら、マチッドの多い奥飛騨ガーデンホテル焼岳の社長さんを、紹介していただきました。このことから、書籍『ソマチッドが超活性している！』の出版へとつながっていきました。本当に素晴らしい本が出版され、おめでとうございます。

ソマチッドは、すべての生命体に宿る、知性と意志を持った微小生命体であると認識しておりまして、感謝の強い人にはソマチッドが喜んで増殖し、人を健康と幸せに導いてくれる有難いものだと思います。

このソマチッドの多い奥飛騨ガーデンホテル焼岳にたくさんの方をお誘いしたいと思っています。そしてさらにソマチッドの研究がなされ、神秘の扉を開いていただきたいと思います。

浅井嘉春氏　初めまして。

今回、不思議な話があるんですね。石田会長がソマチッドを知って、僕にもすぐ教えてくださった。中川さんから勢能さんを紹介してもらって、すぐ伝えたというまでが、1カ月もないくらいのスピードだったんですよ。私に縁があったというよりも、何らかの力が働いてこのようなことになったんだと感じております。

もう1つ言わせていただきますと、ここから30分くらい離れたところに神岡町というところがあります。そこはスーパーカミオカンデといいまして、素粒子研究をしている研究施設でもあります。東京大学の先生から、「素粒子とは何ぞや。浅井君、神様を信じるか」「信じます」「それが素粒子だ」と言われました。

なおかつ、なぜ東京大学があそこにスーパーカミオカンデを建設したかといいますと、東京大学の地層学部が、日本最古で最強の岩盤ということで、3000年岩盤保証をしたんです。3・11で日本は揺れましたけど、あそこの中は全然揺れなかったんですよ。そのくらい、日本最古で最強の岩盤なんです。

最強の岩盤はどこまで続いているかといいますと、実は飛驒片麻岩《ひだへんまがん》といいまして、西は京都の眞名井神社のほうまで抜けまして、東は関東の先、こっちは美濃加茂のほうまで続いている。岩盤が隆起して、日本列島ができたと言っても過言ではないんですけど、坂口安吾の書籍によりますと、『飛騨・高山の抹殺』ということで、日本の歴史は隠されております。

石田会長に聞いてもらってもわかるように、天之御中主《アマノミナカヌシ》という、46億年前に一番最初に舞い降りた神様はどこで誕生したか。片麻岩の上に乗っかっているところから始まって、位山《くらいやま》というところがあります。いろいろと歴史に紐づいている。

富山のほうには神通川という、神様に通じるようなところがあって、ここの文献にもたくさん残っているんですけれども、一応隠されています。

竪穴住居の一番最後は、実は高山にあるんですね。タンナカ高原というところがあって、岐阜は日本第2の森林王国なんですよ。1万坪の原生林の中に竪穴住居がある。誰も踏み入ったことがないような森林がありますので、神様ごとに通じる力があると思っています。

焼岳もすごいところです。石田会長と話しましたけど、考えるというのはエビデンスが必要だということで、ネガティブなんですね。感じることがポジティブですので、ぜひ今日は感じてください。感じて帰ってもらうのが一番いいと思います。よろしくお願いします。

石田　今言われましたように、飛騨片麻岩という地層がありまして、神通川の上流なんです。神通川は「神が通る川」と書く。こちらに行きますと、「もずも」とか「あずも」とか神に由来する地名があります。ここは現在、奥飛騨温泉郷という地名ですけれども、それ以前は上宝村《かみたから》。上に宝がある村。それは何やと思って60年間近く探したら、焼岳の温泉やったということでございました。

ありがとうございました。

勢能　それでは最後に、何かご質問などございませんか。

質問者　こちらの温泉水のボトルですけれども、飲用できるんでしょうか。

石田　以前、源泉の成分分析を岐阜県に依頼したところ、忙しいので時間がかかると言われ、たまたま長野県に分析を依頼したところ、飲泉の許可が出ました。ですから、大丈夫です。

質問者　これを購入して、このスプレーを顔にかけたりするのも大丈夫ですか。

石田　大丈夫です。グリーンのボトルは大丈夫です。

質問者　飲用専用の温泉水のボトルの販売はないのですか。

石田　これは実はごく親しい人にしか差し上げてないんですよ。温泉だけだったら、好きに飲んでもらえばいいんですけれども、素粒子をかけたり、静電交流をかけたものは非常に貴重でございます。

私は、クレアチニン値が、腎臓移植したときに1・56でした。6年たつんですけれども、今は1・21くらいまで下がりました。クレアチニン値というのは普通は下がりません。常に右肩上がりで上がるものなんです。クレアチニン値が5になると透析です。私は昔、5になりまして、透析を1年半しておりました。腎臓移植したそのときから、透析は要らなくなりました。人間の力というのはすごいですね。おかげさまで、かあちゃんのおかげで今も生きております。

館内で、温泉水はどれが飲めますかということですけれども、うぐいすの湯の露天風呂に、源泉から引いたものがあります。源泉から3メートルしか離れていないのです。ひしゃくも置いてあります。熱いので、ちょっと冷まして飲めば、まず便通がよくなると皆さん言われます。

勢能　私も、駐車場のところに蛇口があるので、そこでくんで、持って帰って飲んだりしていました。

石田　お客様が自由にお持ち帰りになるのは、何ら問題がございません。

質問者　甲斐先生に教えていただきたいのですが、さっき話されていた、がん患者の生き方を変えるという施設はもうあるんですか。

甲斐　岐阜にありまして、リボーン洞戸といって、船戸クリニックの船戸先生がつくられました。

また、ドイツにあって日本にないものの1つで、クアオルトのことをお話ししたいのですけれども、私はドイツのベルリンに2年住んで、その間にドイツ中のクアオルトを見て回りました。自然療法医（ハイルプラクティカー）というドクターがいまして、ドクターが処方するんです。例えば、この温泉に3カ月滞在して、この温泉に入って、この食事を食べて、ヨガをして、この療法を受ける、と。ドイツは休暇は3カ月とか、一遍にとるんです。最低3週間です。ドクターは、3週間以上滞在できない人には処方してくれないんです。長期で滞在するところがポイントです。

ここのホテルだと、長期で滞在するにはちょっと値段が高いから、難しいじゃないですか。ドイツは何でそれができるかというと、保険がきいているんです。なので、1泊2000円くらいで滞在できるようになっている。そこが全然違うんですね。自然療法に保険がきくというのが、日本とドイツの違いです。

先生が処方したところに行って、その期間、過ごすんですけれども、街全体がクアオルトになっていて、温泉を中心にして、散歩したくなるような公園があって、映画館があって、クリニックがあって、音楽館があって、教会があって、とにかく毎日楽しくてしようがない。楽しくてしようがないことが、ソマチッドを活性化するんですね。それで病気が治っていくわけです。

日本にそういう場所を1カ所でもいいから、ちゃんとつくってみたいですね。

石田　私のところは、湯治のお客さんがたくさんお見えになるのですけれども、いかんせん、ちょっと高い。観光ホテルでございますので、高いんです。けれども、冬になりまして、お客さんがずっと減ったときは、長期で安く滞在できるようなことも少しは考えないといかぬかなと思っております。粗食にして、風呂メインで入っていただく。

テレビプロデューサーで温泉達人の小森威典《たけのり》さんという、一番最初にソマチッドを教えてくれた先生が、ここのホテルの温泉に入ってマッサージを受けると、全然違うということをよく言われていました。この階下にマッサージ室がありまして、明日、勢能先生が自らそこでマッサージをしてくださる。

勢能　日頃からソマチッドを使った施術をさせていただいています。どういったものかというと、古代の超活性したソマチッドを抽出して、ソマチッドの超物質をつくる研究をしています。その物質を入れたクリームがありまして、それを体のツボだったりポイントに塗り込むことによって、体を調整するという施術です。ご興味がありましたらぜひお越しください。

皆さん、トークショーをご観覧いただきまして、誠にありがとうございます。（拍手）

← 次のページで、読者限定の「特別ご優待チケット」をチェック！

奥飛騨ガーデンホテル焼岳

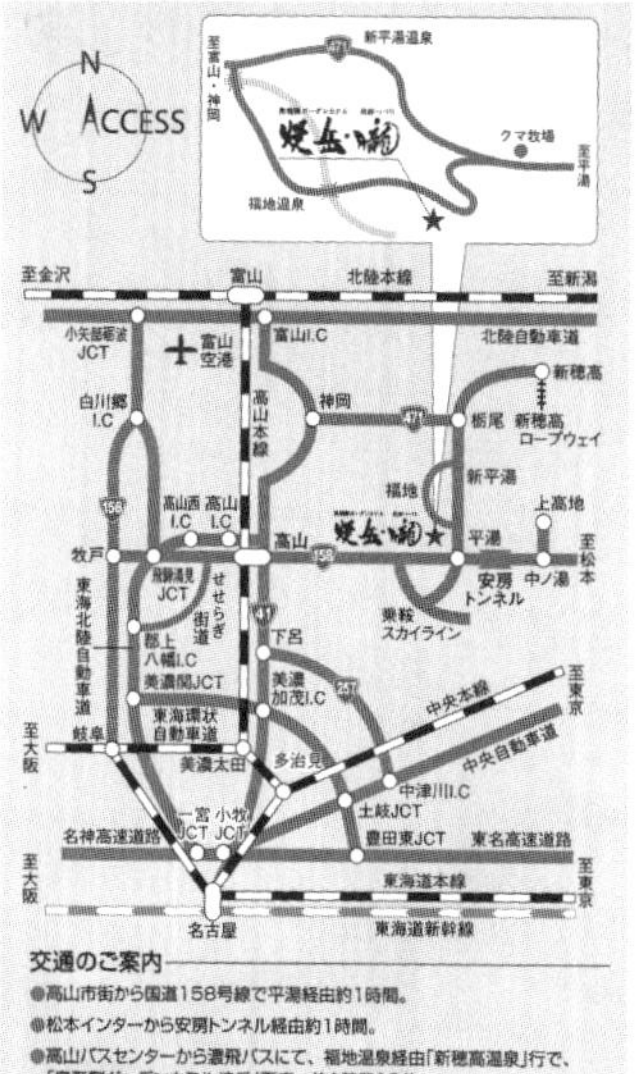

交通のご案内

- 高山市街から国道158号線で平湯経由約1時間。
- 松本インターから安房トンネル経由約1時間。
- 高山バスセンターから濃飛バスにて、福地温泉経由「新穂高温泉」行で、「奥飛騨ガーデンホテル焼岳」下車。約1時間10分。
- 新宿高速BTから京王・濃飛バス「高山」行で「平湯温泉」下車、福地温泉経由「新穂高温泉」行に乗り換え、「奥飛騨ガーデンホテル焼岳」下車。約5時間。

北アルプスの麓　岐阜県高山市
奥飛騨温泉郷・新平湯温泉

所在地
〒506-1432
岐阜県高山市奥飛騨温泉郷一重ヶ根2498-1
TEL：0578-89-2811

詳しい地図は
こちらから
公式ホームページ
QR コード

甲斐さおり　かい さおり
看護師、音楽療法士、ソマチッド研究家、
ソマチッド・アクティベーター。
洗足学園音楽大学ピアノ専攻中退、慶應義塾看護短大卒。
国立音楽院にて音楽療法を学ぶ。
2010年、第４回「1000人のチェロコンサート」にて、
自作曲「原爆」を初演。
3.11後、大分県佐伯市に母子移住し、自然農を始める。
フィリピンにてソマチッドについて勉強し、
ベルリンにてクアオルトを学ぶ。
2014年、ソマチッドは、水と珪素のコロイド粒子であると、
日本珪素医科学学会で発表。
末期がん患者のサポートをしていたが、
コロナ流行後は、コロナ対応看護師として日本全国で働く。
2022年より、ステージ３の乳がんとなり、
自然療法、手術、放射線療法を経験。
ピアノ、ライアー、クリスタルボウル、太鼓類、笛類、
チェロなどを演奏する。

ブログありがと菜
https://ameblo.jp/si-rabei/ ➡

Rana & Saori
https://yukiandsaori.base.shop/ ➡

Si くんの冒険（絵本）
https://si-rabei.amebaownd.com/

勢能幸太郎　せのう こうたろう
株式会社ハイパフォーマンスラボ代表取締役。

2010年、東京の文京区小石川に整体院「癒しの幸楽縁」を開業。

2013年には株式会社幸楽ホールディングスの代表取締役に就任。

2018年には株式会社ハイパフォーマンスラボを立ち上げ、化粧品や健康食品の開発から、リラクゼーションスペースの開設、運営を行う。

自身が考案した、整体、エステ、心理学をベースに開発した「ハイパフォーマンスメソッド」を中心に、様々な技術を使い、つらい不具合からちょっとした体調の悩みまでを幅広くサポート。

現在は自身が開発した商品や技術を学ぶ、オンラインスクールや講座を主宰している。

公式 LINE
お気軽にご登録、お問い合わせください。

地球も水も生命も
全ては【ソマチッドの塊《かたまり》】なのか!?

第一刷　2023年2月28日

著者　甲斐さおり
勢能幸太郎

発行人　石井健資
発行所　株式会社ヒカルランド
〒162-0821 東京都新宿区津久戸町3-11 TH1ビル6F
電話 03-6265-0852 ファックス 03-6265-0853
http://www.hikaruland.co.jp info@hikaruland.co.jp
振替　00180-8-496587
本文・カバー・製本　中央精版印刷株式会社
DTP　株式会社キャップス
編集担当　石田ゆき

ISBN978-4-86742-192-5

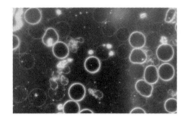

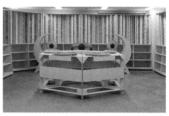

Hi-Ringo オリジナルグッズのご紹介♪

Somatide symphony No.1
〈ソマチッド シンフォニー〉

1．はじまり
2．ベガ
3．アルタイル

artist：Rana & Saori
nature & overtone recordings：Fujita Takeshi
studio：Hi-Ringo Yah!
販売価格：2,200円（税込）
＊ CD プレーヤーがなくても聴ける QR コード付き

Rana & Saori（宇宙からのメッセージを歌で届けるボイスサウンドヒーラーRana と著者の甲斐さおり氏の音楽ユニット）によるソマチッドが喜ぶヒーリング音楽を CD 化！
みなさんの体の中のソマチッドに共鳴する歌声と演奏をお届けします。

Hi-Ringo オリジナルグッズのご紹介♪

3億6千万年前の海底から生まれた温泉水で
エナジーチャージ＆クリアリング

ヒーリンゴスプレー

販売価格：3,690円（税込）

内容量：120ml／原材料名：鉱泉水／水質：ナトリウム炭酸水素塩・塩化物温泉／成分：温泉水

奥飛騨ガーデンホテル焼岳の「うぐいすの湯」。源泉100%のこの水に、静電加工、浅井博士の素粒子注入技術と、勢能光太郎氏の開発した「ハイパフォーマンスエッセンス」を注入してできた、Hi-Ringo オリジナルの温泉水。3億6千万年前の地層から湧き出したソマチッドが極限まで活性化されており、さらに「神楽坂ヒカルランドみらくる」の一部顧客限定サービス「量子最適化」の加工まで施されているというスペシャルな温泉水です。あらゆる場をイヤシロチ化してくれるので、気になる空間や手先などに吹きかけると、悪いエネルギーが浄化され、場や意識、人間関係などを最適な状態へと導きます。

天然温泉水なのでアルコールが苦手、という方にもおすすめです。

★乞うご期待！「温泉水除菌セット」も発売予定！

【お問い合わせ先】ヒカルランドパーク

あの「八雲の風化貝」に水素を吸蔵

ハイパフォーマンス水素カルシウムサプリ

■ 15,000円（税込）

●内容量：68.4g（380mg×180粒） ●成分：水素吸蔵カルシウム（国内製造）、パパイヤ抽出物、米麹粉末／貝カルシウム、ショ糖脂肪酸エステル ●使用方法：1日6粒を目安に水またはお湯と一緒にお召し上がりください。

水素によるATP活性はソマチッドの存在があってこそ。両者の共存を目指したこのサプリは、溶存水素量最大1565ppb、酸化還元電位最大-588mVの高濃度水素を長時間体内で発生させ、同時に善玉カルシウムも補給できます。

古代の眠りから蘇ったエネルギー

ソーマ∞エナジー

■ 33,000円（税込）

●内容量：100g ●成分：希少鉱石パウダー ●使用方法：お水に溶かして泥状にしてお使いください。

選りすぐりのソマチッド含有鉱石をブレンドした粉末は、水で溶かし泥状にすることで用途が広がります。ソマチッドパックとしてお肌に、入浴剤としてお風呂に♨。お皿に盛ってラップで包みその上に野菜を載せれば農薬浄化も！

繰り返し使えるホルミシスミスト

ハイパフォーマンスイオンミスト

■ 11,000円（税込）

●内容量：150mℓ ●成分：水、鉱石パウダー ●使用方法：体に噴霧して疲労や痛みのケアに、空間に噴霧して静電気除去など居住空間の浄化に。

特殊フィルムによりラジウムイオンを発生。ソマチッド、シリカ、ホルミシスのトリプル相乗効果により、スキンケアのほかルームスプレーとしてお部屋をイヤシロチにできます。使い切った後もお水を入れることでホルミシスミストとして継続利用できます。

ヒカルランドパーク取扱い商品に関するお問い合わせ等は
メール：info@hikarulandpark.jp URL：https://www.hikaruland.co.jp/
03-5225-2671（平日11-17時）

＊ご案内の価格、その他情報は発行日時点のものとなります。

本といっしょに楽しむ ハピハピ♥ Goods&Life ヒカルランド

ソマチッドにフォーカスした唯一無二のアイテム
コンディション&パフォーマンスアップに

勢能幸太郎氏

ソマチッドをテーマにした書籍を多数出版し、いち早く注目してきたヒカルランドに衝撃が走ったのは2020年のこと。そのソマチッドが前例のないレベルで大量かつ活発な状態で含有したアイテムが続々と登場したのです！　開発者は独自理論による施術が話題のセラピスト・施術家の勢能幸太郎氏。勢能氏は長年の研究の末、膨大なソマチッド含有量を誇る鉱石との出会いを果たし、奇想天外な商品を次々と生み出しました。ソマチッドとは私たちの血液の中に無数に存在するナノサイズの超微小生命体。恒常性維持機能や免疫系、エネルギー産生などに働き、健やかで元気な状態へと導いてくれます。他ではまねできない勢能氏のアイテムを活用して、生命の根幹であるソマチッドにエネルギーを与え、毎日のパフォーマンスをアップしていきましょう！

ソマチッドを蘇生させ潤いのあるお肌へ

CBD エナジークリーム

■ 33,000円（税込）
●内容量：30㎖
勢能氏が最初に開発したソマチッドクリームには、ホメオスタシスの機能を高める麻成分 CBD ほか、たくさんの有効成分を配合。クリーム内のソマチッドと体内のソマチッドが共振共鳴し合い、経絡を伝わって体全体を調整します。

１滴の中に無数のソマチッドが存在

ハイパフォーマンスエッセンス

■ 33,000円（税込）
●内容量：30㎖
高濃度のソマチッド原液そのものを製品化。生活用品や衣類、家電などに直接塗るか希釈してスプレーすれば、周波数を整え、人体へのマイナスな影響を緩和。シャンプーや化粧品などに入れたり、体にスプレーすればパフォーマンスアップにも。

★《AWG ORIGIN》癒しと回復「血液ハピハピ」の周波数

生命の基板にして英知の起源でもあるソマチッドがよろこびはじける周波数をカラダに入れることで、あなたの免疫力回復のプロセスが超加速します！

世界12カ国で特許、厚生労働省認可！　日米の医師＆科学者が25年の歳月をかけて、ありとあらゆる疾患に効果がある周波数を特定、治療用に開発された段階的波動発生装置です！　神楽坂ヒカルランドみらくるでは、まずはあなたのカラダの全体環境を整えること！　ここに特化・集中した《多機能対応メニュー》を用意しました。

A．血液ハピハピ＆毒素バイバイコース
　(AWG コード003・204)　60分／8,000円
B．免疫 POWER UP　バリバリコース
　(AWG コード012・305)　60分／8,000円
C．血液ハピハピ&毒素バイバイ+免疫 POWER UP バリバリコース　120分／16,000円
D．脳力解放「ブレインオン」併用コース　60分／12,000円
E．AWG プレミアムコース　9回／55,000円　60分／8,000円×9回

※その都度のお支払いもできます。

※180分／24,000円のコースもあります。
※妊娠中・ペースメーカーご使用の方にはご案内できません。

AWGプレミアムメニュー

1つのコースを一日1コースずつ、9回通っていただき、順番に受けることで身体全体を整えるコースです。2週間～1か月に一度、通っていただくことをおすすめします。

①血液ハピハピ＆毒素バイバイコース　②免疫 POWER UP バリバリコース
③お腹元気コース　④身体中サラサラコース
⑤毒素やっつけコース　⑥老廃物サヨナラコース
⑦⑧⑨スペシャルコース

★音響チェア《羊水の響き》

脊髄に羊水の音を響かせて、アンチエイジング！
基礎体温1℃アップで体調不良を吹き飛ばす！
細胞を活性化し、血管の若返りをはかりましょう！

特許1000以上、天才・西堀貞夫氏がその発明人生の中で最も心血を注ぎ込んでいるのがこの音響チェア。その夢は世界中のシアターにこの椅子を設置して、エンターテインメントの中であらゆる病い／不調を一掃すること。椅子に内蔵されたストロー状のファイバーが、羊水の中で胎児が音を聞くのと同じ状態をつくりだすのです！　西堀貞夫氏の特製 CD による羊水体験をどうぞお楽しみください。

A．自然音Ａコース　60分／10,000円
B．自然音Ｂコース　60分／10,000円
C．自然音Ａ＋自然音Ｂ　120分／20,000円

神楽坂ヒカルランド
みらくる
Shopping & Healing

神楽坂《みらくる波動》宣言！

神楽坂ヒカルランド「みらくる Shopping & Healing」では、触覚、聴覚、視覚、嗅（きゅう）覚、味覚の五感を研ぎすませることで、健康なシックスセンスの波動へとあなたを導く、これまでにないホリスティックなセルフヒーリングのサロンを目指しています。ヒーリングは総合芸術です。あなたも一緒にヒーリングアーティストになっていきましょう。

★ミトコンドリア活性《プラズマパルサー》

ミトコンドリアがつくる、生きるための生命エネルギーATP を３倍に強化！
あなただけのプラズマウォーターを作成し、
疲れにくく、元気が持続するカラダへ導きます！

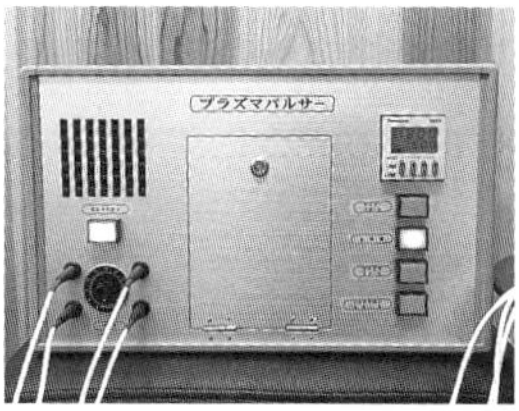

液晶や排気ガス装置などを早くからつくり上げ、特許を110も出願した天才・田丸滋氏が開発したプラズマパルサー。私たちが生きるために必要な生命エネルギーは、体内のミトコンドリアによって生産される ATP。この ATP を３倍に増やすのと同じ現象を起こします！　ATP が生産されると同時につくられてしまう老化の元となる活性酸素も、ミトコンドリアに直接マイナス電子を供給することで抑制。短い時間でも深くリラックスし、細胞内の生命エネルギーが増え、持続力も増すため、特に疲れを感じた時、疲れにくい元気な状態を持続させたい時におすすめです。

プラズマセラピー（プラズマウォーター付き）30分／12,500円（税込）

こんな方におすすめ

元気が出ない感じがしている／疲れやすい／体調を崩しやすい／年齢とともに衰えを感じている

※妊娠中・ペースメーカーご使用の方、身体に金属が入っている方、10歳未満、81歳以上の方、重篤な疾患のある方にはセラピーをご案内することができません。
※当店のセラピーメニューは治療目的ではありません。特定の症状、病状に効果があるかどうかなどのご質問にはお答えできかねますので、あらかじめご了承ください。

★植物の高波動エネルギー《ナノライト（ブルーライト）》

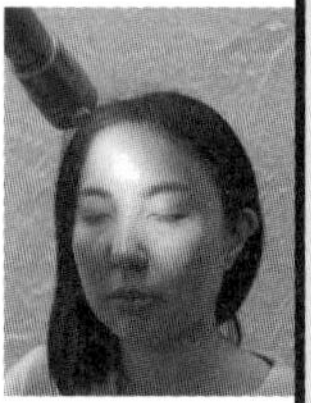

高波動の植物の抽出液を通したライトを頭頂部などに照射。抽出液は13種類、身体に良いもの、感情面に良いもの、若返り、美顔……など用途に合わせてお選びいただけます。より健康になりたい方、心身の周波数や振動数を上げたい方にピッタリ！

A．健康コース　７か所　10～15分／3,000円
B．メンタルコース　７か所　10～15分／3,000円
C．フルセッション（健康＋メンタルコース）　15～20分／5,000円
D．ナノライト（ブルーライト）使い放題コース　30分／10,000円

★ソマチッド《見てみたい》コース

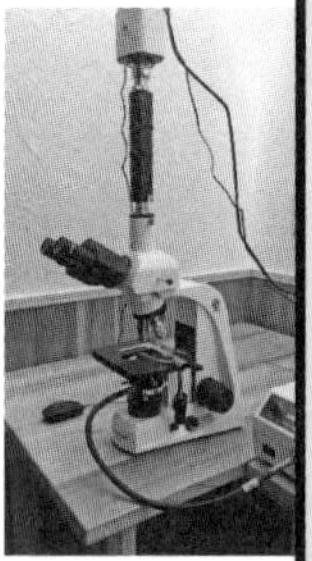

あなたの中で天の川のごとく光り輝く「ソマチッド」を暗視野顕微鏡を使って最高クオリティの画像で見ることができます。自分という生命体の神秘をぜひ一度見てみましょう！

A．ワンみらくる　1回／1,500円（5,000円以上の波動機器セラピーをご利用の方のみ）
B．ツーみらくる（ソマチッドの様子を、施術前後で比較できます）2回／3,000円（5,000円以上の波動機器セラピーをご利用の方のみ）
C．とにかくソマチッド　1回／3,000円（ソマチッド観察のみ、波動機器セラピーなし）

★脳活性《ブレインオン》

聞き流すだけで脳の活動が活性化し、あらゆる脳トラブルの予防・回避が期待できます。集中力アップやストレス解消、リラックス効果も抜群。緊張した脳がほぐれる感覚があるので、AWG との併用もおすすめです！

30分／2,000円

神楽坂 ヒカルランド みらくる Shopping & Healing

神楽坂ヒカルランド みらくる Shopping & Healing
〒162-0805　東京都新宿区矢来町111番地
地下鉄東西線神楽坂駅２番出口より徒歩２分
TEL：03-5579-8948　メール：info@hikarulandmarket.com
営業時間11：00～18：00（１時間の施術は最終受付17：00、２時間の施術は最終受付16：00。イベント開催時など、営業時間が変更になる場合があります。）
※ Healing メニューは予約制。事前のお申込みが必要となります。
ホームページ：https://kagurazakamiracle.com/

★量子スキャン＆量子セラピー《メタトロン》

あなたのカラダの中をDNAレベルまで調査スキャニングできる
量子エントロピー理論で作られた最先端の治療器！

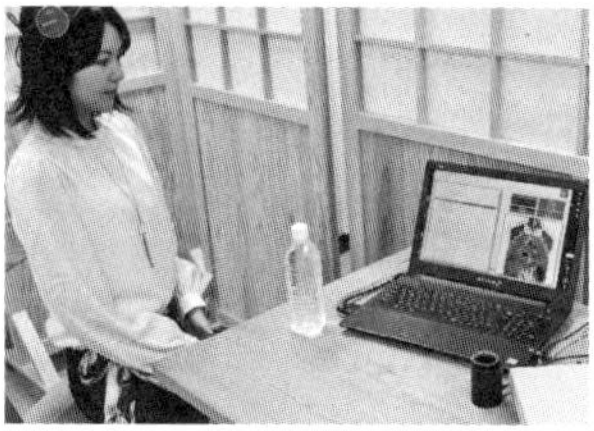

筋肉、骨格、内臓、血液、細胞、染色体など──あなたの優良部位、不調部位がパソコン画面にカラーで６段階表示され、ひと目でわかります。セラピー波動を不調部位にかけることで、その場での修復が可能！　宇宙飛行士のためにロシアで開発されたこのメタトロンは、すでに日本でも進歩的な医師80人以上が診断と治癒のために導入しています。
A.B.ともに「セラピー」「あなたに合う／合わない食べ物・鉱石アドバイス」「あなただけの波動転写水」付き。

A.「量子スキャンコース」　60分／10,000円
あなたのカラダをスキャンして今の健康状態をバッチリ６段階表示。気になる数か所へのミニ量子セラピー付き。
B.「量子セラピーコース」　120分／20,000円
あなたのカラダをスキャン後、全自動で全身の量子セラピーを行います。60分コースと違い、のんびりとリクライニングチェアで寝たまま行います。眠ってしまってもセラピーは行われます。
《オプション》＋20分／＋10,000円（キントン水8,900円含む）
「あなただけの波動転写水」をキントン水（30本／箱）でつくります。

★脳活性《ブレイン・パワー・トレーナー》

脳力UP＆脳活性、視力向上にと定番のブレイン・パワー・トレーナーに、新メニュー、スピリチュアル能力開発コース「0.5Hz」が登場！　0.5Hzは、熟睡もしくは昏睡状態のときにしか出ないδ（デルタ）波の領域です。「高次元へアクセスできる」「松果体が進化、活性に適している」などと言われています。

Aのみ　15分／3,000円　　B～F　30分／3,000円
AWG、羊水、メタトロンのいずれか（5,000円以上）と同じ日に受ける場合は、2,000円

A.「0.5Hz」スピリチュアル能力開発コース
B.「6Hz」ひらめき、自然治癒力アップコース
C.「8Hz」地球と同化し、幸福感にひたるコース
D.「10Hz」ストレス解消コース
E.「13Hz」集中力アップコース
F.「151Hz」目の疲れスッキリコース

ヒカルランド　好評既刊!

地上の星☆ヒカルランド　銀河より届く愛と叡智の宅配便

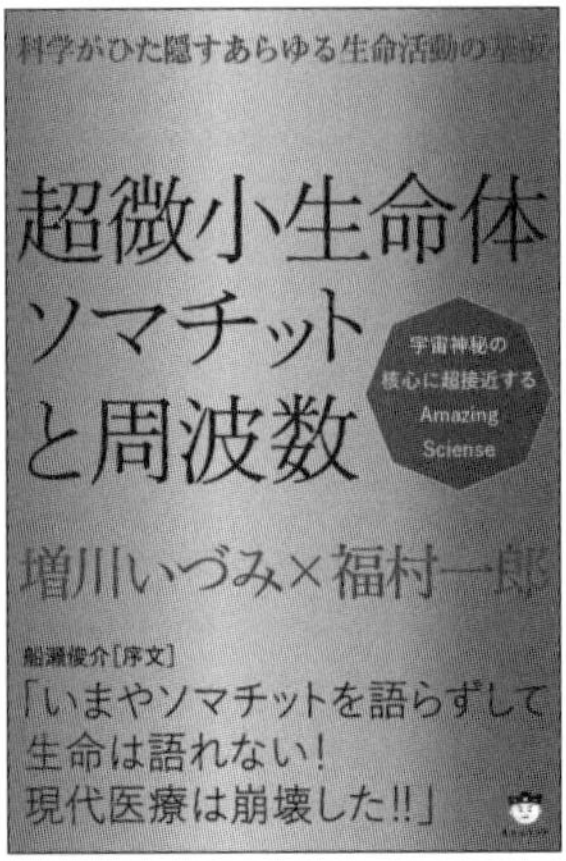

超微小生命体ソマチットと周波数
著者：増川いづみ、福村一郎
序文：船瀬俊介
四六ハード　本体 1,815円+税

なぜソマチッドとテラヘルツが
あらゆる病気を癒やすのか
著者：櫻井喜美夫／目崎正一
四六ソフト　本体 1,713円+税

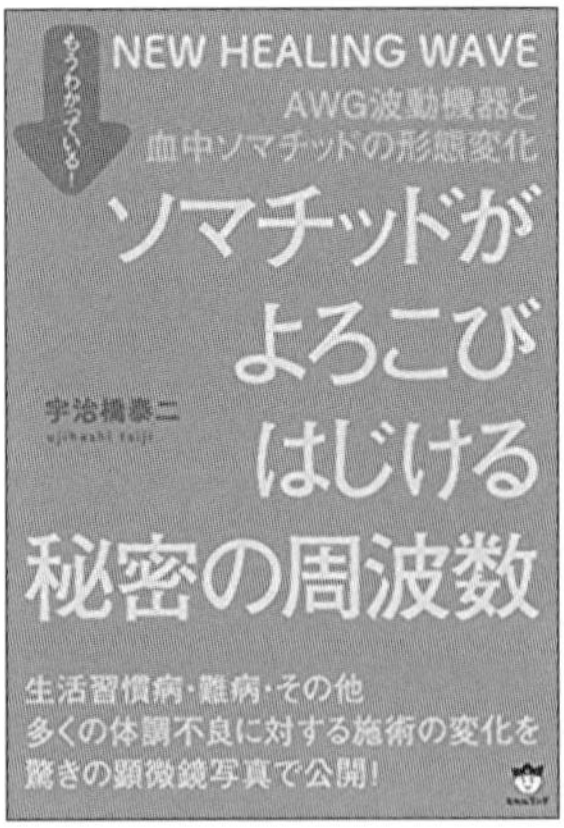

ソマチッドがよろこびはじける
秘密の周波数
著者：宇治橋泰二
Ａ５ソフト　本体 3,333円+税

ソマチッドが超活性している!
著者：ヒカルランド取材班
四六ソフト　本体 1,800円+税